Intervenções

Intervenções

Alfonsina Storni

Tradução de Nildicéia Rocha

coragem

Porto Alegre
2024

© Editora Coragem, 2024.

A reprodução e propagação sem fins comerciais do conteúdo desta publicação, parcial ou total, não somente é permitida como também é encorajada por nossos editores, desde que citadas as fontes.

www.editoracoragem.com.br
contato@editoracoragem.com.br
(51) 98014.2709

Produção editorial: Thomás Daniel Vieira.
Tradução: Nildicéia Rocha.
Revisão da tradução: Thainá Ferreira e Lina Rocha Trinidad.
Revisão final: Nathália Cadore.
Artes e capa: Mariana Gil.
Coordenação: Camila Costa Silva.

Porto Alegre, Rio Grande do Sul.
Outono de 2024.

Dados Internacionais de Catalogação na Publicação (CIP)

S885i Storni, Alfonsina, 1892-1938
           Intervenções / Alfonsina Storni; tradução de Nildicéia Rocha. – Porto Alegre: Coragem, 2024.
           190 p. : il. – (Coleção Alfonsina Storni, v. 3)

           ISBN: 978-65-85243-23-0

           1.Prosa – Literatura argentina. 2. Mulheres – Direitos sociais – Argentina. 3. Literatura argentina. 4. Feminismo – Argentina – História. 5. Poetisa. 6. Gênero. 7. Ensaios – Literatura argentina. I. Rocha, Nildicéia. II. Título. III. Série.

                                                                      CDU: 860(82)-3

Bibliotecária responsável: Jacira Gil Bernardes – CRB 10/463

Obra editada en el marco del Programa Sur de Apoyo a las Traducciones del Ministerio de Relaciones Exteriores, Comercio Internacional y Culto de la República Argentina.

Obra editada no âmbito do Programa Sur de apoio às traduções do Ministério das Relações Exteriores, Comércio Internacional e Culto da República Argentina.

Nota editorial

Esta tradução de *Intervenções* de Alfonsina Storni é um trabalho essencial para conhecer como pensava e escrevia essa mulher inquieta, para além de sua poesia.

Este livro inclui tanto textos assinados por Storni quanto crônicas sob o pseudônimo masculino "Tao Lao" para o jornal *La Nota*, de Buenos Aires, uma estratégia que lhe permitiu ter suas opiniões publicadas em um tempo, sabemos, sem espaço para vozes como a sua.

Storni, uma escritora e operária que criou sozinha seu filho, combina seu olhar feminista e literário para destacar grandes nomes da poesia e abordar, com uma refinada ironia, questões sociais importantes, como a transformação de Buenos Aires, a vida operária, a rivalidade feminina e a educação das mulheres, os códigos morais e patriarcais, além de reivindicar direitos fundamentais como o voto e o divórcio.

Escrito no início do século XX, este livro compila as inquietações e aspirações de uma mulher atemporal que viveu com os olhos no mundo e escreveu a própria história. Também por isso, merece ser lido no contexto de seu tempo, mesmo estando muito à frente dele.

Sumário

INTERVENÇÕES	13
Um velho tema	14
Os homens fósseis	22
Compra de maridos...	26
Feminilidades	29
Nós… e a pele	32
Da vida	36
Sobre o matrimônio	40
Direitos civis femininos	46
Votaremos	53
Filme de Mar del Plata	56
Uma carta	65
A imigrante	71
As heroínas	75
A normalista	82
A mãe	87
A médica	93
O amor e a mulher	97
A irrepreensível	101
Existe um problema feminino?	105
A namorada	110
As leitoras	115
A complexidade feminina	119
Anotações de primavera	123

Meninas	127
Confidências populares	132
A mulher como romancista	136
Os presentes de casamento	140
A mulher inimiga da mulher	145
O cavalheiro	149
A curiosidade	153
O direito de enganar e o direito de matar	157
Os doentes devem se casar?	161
Coisinhas soltas	166
Ensaios	173
As poetas americanas	174
Gabriela Mistral	181
Horacio Quiroga	187

INTERVENÇÕES

Um velho tema

Houve um tempo em que eu havia me proposto não escrever seriamente uma palavra sobre o feminismo; me parecia que falar de uma coisa feita era perder tempo.

Eis que um artigo intitulado "Comitês femininos", que no número passado dessa mesma revista publicou o Carlos Gutierrez Larreta, me tira do meu abatimento e me faz cometer a milionésima besteira de minha vida.

Creio que meu gentilíssimo amigo escreveu esse artigo como costuma dizer seus, por certo, magníficos madrigais e sonetos.

Fumou dois ou três cigarros turcos, leu seus poetas favoritos e logo, tomando umas quantas bolinhas de preciosas cores, fez carambolas batendo elegantemente com lápis de ouro.

Essas carambolas são seu artigo.

Mas, na vida, as brilhantes bolinhas com que o colunista brinca são mundos pesados, e o taco que as move tem formidáveis leis, cuja intuição faz todo o nosso ser tremer envergonhado, o rosto se descompõe, nos correm as lágrimas e ficamos ofuscados e perturbados frente à Coisa inevitável e inexplicável.

Somente fazendo um despreocupado jogo malabarista, pode-se falar de feminismo como em elegante desculpa de picardia feminina.

Creio que o feminismo merece muito mais que uma bondosa galanteria, porque é tão importante como toda transformação coletiva.

Me atreveria a dizer que o chamado feminismo não é mais que um fracasso da aptidão diretiva masculina para alcançar, por meio das leis, o equilíbrio necessário à felicidade humana.

Se cada chefe de Estado e cada chefe de família fossem capazes de conhecer e preencher todas as necessidades de seus subalternos, haveriam acabado todos os problemas modernos, entre eles o já famoso feminista.

Agora, como a vida não é uma equação apreciável aos olhos de um homem, por muito que uma previsão englobe, não chegará nunca até os íntimos cantos espirituais de cada indivíduo, cujos desejos, não satisfeitos, são justamente os elementos de impulso necessários à evolução.

Desta desconformidade permanente, desta sede, desta esperança, deste movimento inacabado está feita a Eternidade. Ou seja: o homem é superior à mulher, a mulher é igual ao homem etc., me parece que me escapa, porque sim: palavras, palavras, palavras...

Falar de feminismo e separá-lo do conjunto das coisas como uma coisa isolada, sem relação, como uma arbitrariedade do capricho feminino, me parece desvairado.

Pensar "a mulher quer isso apesar de que a estamos aconselhando o outro", é não pensar.

O que é que quer a mulher?

Mas é que os pensamentos e as aspirações coletivas são fungos que nascem porque sim e quando se lhes ocorre?

Dispuseram os homens que lhes saíssem unhas nos dedos?

Rir do feminismo, por exemplo, me parece tão curioso como rir de um dedo porque termina em uma unha. Para chegar no que chamamos feminismo a humanidade seguiu um processo tão exato como o segue um embrião para chegar ao seu fruto ou o fruto para transformar seus elementos em embrião, sucessivamente.

Tanta verdade tem um embrião como no talo, no talo como nas folhas, nas folhas como na flor, ou em qualquer outro estado de seu desenvolvimento.

É óbvio que temos o direito de opinar sobre qual momento dessa transformação nos parece mais harmonioso, mais completo.

O colunista de referência considera que os gregos, tão superiores, não tiveram feminismo.

Mas não há de ser essa a razão da superioridade da Grécia, pois seguindo tal critério chegaríamos a acreditar que bastaria um povo não ter feminismo para demonstrar seu equilíbrio.

Poderia citar-lhe a Idade Média que tampouco teve feminismo, como exemplo de um período de barbárie, caracterizado por seu ultraje à dignidade feminina sob pretexto de uma honra selvagem, e uma religião tão deprimente como avarenta.

Mas, na verdade, não temos no passado nada que nos ilustre sobre um movimento como presente, filho de nossos dias.

Se a época em que nos movemos, comparada com alguns pontos luminosos do passado, como a Grécia, por exemplo, é um infortúnio, não podemos atribuir este infortúnio ao feminismo.

Pelo contrário, o feminismo nasce desse infortúnio, buscando nas águas turvas onde nada se vê, "seu" ponto de apoio, "seu" raio de luz. E para isso as mulheres querem usar seus próprios olhos.

Explico-me: o dogma católico está em bancarrota; a civilização está em bancarrota; tudo que foi construído nos vinte séculos até hoje vem se desmoronando, seu equilíbrio despedaçado, fora do seu centro de gravidade.

Os homens, depois de repetir por tanto tempo as mesmas coisas, se entediam de si próprios e pedem feitos novos, palavras novas, vida nova.

Isso é velho como o sol.

Vai-se agora da unidade para as partes.

Reparte-se o poder, reparte-se o conhecimento das coisas, reparte-se a responsabilidade.

O homem não sabe o que lhe espera quando perde a tutela, mas deseja libertar-se dela porque sim, cada célula humana, hoje, aspira sentir a responsabilidade.

Desagregar, separar, dividir...

Isso dizem as coisas.

Desaparecido ou ineficaz o dogma, dura a vida econômica, má a justiça, em quem espera agora a mulher? Em virtude de que palavra divina ou de que justiça humana aceita que tudo que se dê mal feito, sem que se atreva dizer: "quero exercitar minhas mãos"?

Explico-me a submissão perfeita quando é perfeita a mão que ordena, quando tudo cuida e prevê, então a obediência é doce, a escravidão prazer.

Mas, enquanto tudo se move, modifica uma infinidade de leis e costumes que correspondiam a etapas passadas do pensamento humano, ficam em pé e contra elas se rasgam as carnes uma porção de mulheres que não têm nem a proteção do estado, nem a proteção masculina.

São as mulheres que tiveram que ganhar seu pão que podem falar dos ramos de flores que a piedade masculina joga a seus pés para que não se machuquem nas finas plantas...

Na luta pela existência, não há regalias, não se adverte sexo, não há piedade, não há flores, oh poeta! O que chega primeiro, toma e com frequência o mais forte, que chegou segundo, não toma, arrebata.

Essa é pelo menos a única norma que conheci pessoalmente em uma dura aprendizagem que eu sei.

É em grande parte essa inclemência da vida que quebrou a submissão na mulher e agora ensaia sua vontade, ensaia seu pensamento, ensaia sua personalidade.

Não se separa do homem.

Deixou de crer na missão divina que o dogma lhe designava.

Não vai contra o homem: ao lutar pensa no seu filho, que é homem, mas desconfia da proteção do Estado, desconfia da justiça do homem, tende, como antes dito, exercitar sua responsabilidade.

É verdade que esse exercício da vida múltipla a separa algo do instinto, mas quem falou que o instinto seja um fim, e não simplesmente um meio?

Por acaso não é a seleção uma das capacidades que caracterizam o gênero humano?

Somente um egoísmo da espécie pode fazer acreditar ao homem que ele é, unicamente, o capacitado para seleção. Eu creio firmemente que o feminismo é, hoje, uma questão de justiça.

Este ensaio do pensamento a que a mulher aspira lhe corresponde, de fato, apenas por sua condição de ter nascido livre, de mulher e homem, com direito ao exercício de sua vontade.

Certamente que, em desenvolvimento de suas aptidões gerais, a mulher fará tantos disparates como o homem fez e segue fazendo, apesar de sua vasta experiência no comando das coisas.

Creio também que a perfeição é inalcançável e que mulheres e homens, postos em conjunto para realizá-la, conhecerão, juntos, os mesmos fracassos já experimentados.

Mas no exercício feminino dessa aspiração à responsabilidade, não há outra razão que a lei desconheça que nos conduza e que é a que procurou ao homem todos os seus fracassos e por conseguinte, todas suas modificações, através das quais subsistem.

Ignoramos todos o que preparam este movimento que temos dado a chamar feminismo, mas nada o deterá.

Enquanto isso, e de imediato, obterão as mulheres a supressão de leis e conceitos vergonhosos para a dignidade feminina e que uma quantidade de mulheres de forte caráter tirarou o peso de suas costas. Transformar as palavras: "lástima", "perdão", "erro" em "direito de mulher", "direito de mãe", "direito de ser humano" será uma das conquistas inevitáveis e preciosas do feminismo.

Além disso, a maior cultura da mulher corresponde a um afinamento de sua feminilidade, uma graça espiritual maior, uma harmonia que somente a dá o instinto dominado.

Isso parecerá uma contradição com um parágrafo posterior. Mas não é assim: o instinto dominado pela clareza de um raciocínio consciente é coisa muito distinta do instinto sufocado meramente por um dogma. Equilibrar o instinto será outra das conquistas do feminismo.

E se Cristo, segundo meu gentilíssimo amigo Gutierrez Larreta, marcou às mulheres outro destino, verá uma vez mais como nem mulheres nem homens conseguem já, nem conseguiram nunca, entendê-lo, porque os mitos são, quase sempre, muito oportunos para citá-los em artigos de qualquer índole, mas de indigesta aceitação para o gênero humano, tão débil... Tão metido na infinita bondade divina, o que apesar de todos os evangelhos, lhe permite matar, roubar ou, mesmo que não o seja, cometer "pecadinhos de rosas e seda" como já disse Rubén Darío que, sem permissão de Cristo, devia ser, indubitavelmente, muito feminista...

Os homens fósseis

Fóssil é um termo que vem do latim, e mesmo que o latim seja um idioma que nada tem a ver conosco, nós, as pessoas do sexo feminino, de vez em quando, nos permitimos nos aproximar à sábia língua, reverenciando-a e pedindo-lhe permissão para incluí-la em nossa conversa, com um ligeiro e tímido tremorzinho.

Sim; a palavra fóssil vem do latim: *fossilis*, derivada por sua vez de *fodere* (cavar).

Se aplicava antes a uma substância orgânica extraída debaixo da terra, já em seu estado de origem ou bem petrificada.

Com os conhecimentos posteriores da geologia e paleontologia o termo fóssil sofreu uma modificação e agora entendemos por fóssil todo corpo orgânico, quase ou de todo mineralizado, e também toda pegada animal, ou vegetal, que se encontra em um terreno de épocas geológicas passadas.

O tremorzinho aumentou... Levanta minha atenciosa informação... Temo ter me excedido em passar, de um pesado livro a este papel, tanta ciência, toda prolixamente masculina.

Faço, pois, uma nova reverência à velha língua e prometo passar um tempo sem voltar a incomodá-la, pois me interessa que falemos, agora, dos homens fósseis, ou seja, daqueles homens cujas ideias estão quase petrificadas e que parecem viver ainda nos ideais espirituais do tempo medieval.

Não acreditem, pobre de mim, que eu seja uma inimiga declarada do simpático sexo masculino.

Muito pelo contrário: o admiro e o venero.

Acredito que o sexo masculino foi enviado pelos deuses para a terra para reger os destinos da humanidade e até agora o tem feito bastante bem.

Nós, de vez em quando, temos nos interposto em seu caminho e temos impedido que fizesse as coisas da melhor maneira; se não fosse assim, a terra seria hoje modelo de mundos.

Possivelmente teriam conseguido já os homens que a habitam se comunicar com os demais planetas, aos que serviríamos de modelo em toda ordem.

Mas, nós, as mulheres que habitamos a terra, somos uma coisa impossível, calamitosa.

Jeová o deixou entender assim, apesar de tê-las feito. Deve ser essa a causa da existência do homem fóssil, que em boa parte se caracteriza por sua aridez frente a tudo que for uma manifestação da personalidade feminina.

Ai da ousada mulherzinha que se atreva a dizer: esta é minha consciência.

Suspeito já, a partir da visão do homem fóssil, uma lente de aumento para introverter isso que uma mulher se atreve a chamar consciência.

Logo, imagino o que deve pesar no cérebro uma ideia de séculos e sinto calafrios...

Se tivesse conhecimentos especiais me arriscaria a comprovar as alterações que uma ideia de tal enraizamento deve determinar na massa cinzenta do cérebro, mas que as estrelas me livrem de semelhante audácia feminina psicológica.

O homem fóssil, além disso, tem modalidades que não são mais que um resíduo de crueldade da espécie, e um absoluto desconhecimento da causalidade. Se obceca o homem fóssil em que a menina deve ignorar tudo, fingir tudo, dissimular tudo, e é claro, assim, lhe dará razão a Jeová.

Enquanto isso, o lobo afia os dentes e a chapeuzinho vermelho caminha com seu branco ramo na mão, pelo escuro caminho, dando graciosos saltos, fazendo lindas piruetas.

Bem faz o homem fóssil!

Se a Chapeuzinho Vermelho é devorada, o homem fóssil franze o cenho, deixa cair uma sentença sonora, levanta a mão em sinal de alarme!

Moças, gentis moças de 18 a 25 anos, doces moças sorridentes nesta hora: lhes proponho uma ida ao bosque dos fósseis.

Não vão precisar mais de armas que as que emanam a vossa juventude, do direito dos vossos corações, da verdade de vossas vidas.

Vestidas com terninhos claros, tagarelando como um bando de avezinhas rápidas, vão passar em alegre voo por sobre os áridos penhascos dos fósseis, e a justiça se colocará à vossa parte.

Vocês se animam?

Compra de maridos...

Amigas: as coisas valem por sua escassez. Imaginem quanto pagaríamos o litro de água se não fosse abundante, e que profundo desprezo teríamos pelo ouro, reluzente e feio se o encontrássemos como torrões ou pedras.

Qualquer coisa, a mais bela, chega a se fazer vulgar quando é abundante, e a passar despercebida. Qualquer coisa, a mais pobre, a mais vulgar, adquire um valor extraordinário quando muitos a solicitam e não há para todos. O valor das coisas, pois, é uma questão de relatividade e pode estar em torno da demanda e da oferta.

Vocês se lembram daqueles célebres ratos de Paris?

Não é meu propósito fazer aqui uma enumeração histórica dos valores fabulosos que têm alcançado, em certos momentos, determinadas coisas, mas lembro, de passagem, o que todos sabemos (sem fazer comparação com objeto que motiva estas linhas, ó, não!) para justificar, com um fato, o que afirmo.

E é, ó, minhas boas amigas, que depois desta guerra ficamos em esmagadora maioria feminina... e é que... os homens estão a ponto de adquirir o valor daqueles terríveis roedores.

Andam palavras ameaçadoras pelo ambiente; alguns têm dito: "poligamia" e o eco tem respondido recatadamente: "cruz credo!".

Eu não sei, francamente, o que é que faremos.

Algumas amiguinhas minhas pensam que a palavra "solteirona" deve desaparecer do dicionário, porque é a mais antipática de tantas que lhes ocorreu incluir ali aos veneráveis pais e mestres da Real Academia; não há nada que as console de tornarem-se alongadas e petulantes, com um par de óculos sobre o nariz, um amável saco biliar à mão e dedos ágeis para beliscar sobrinhos.

Outras pensam em se lançar pelos caminhos da atividade masculina e esquecer por completo dos ratos e dos homens. (Lê-se "dos homens" como maridos).

Um bom número, no entanto, confia ainda em certa troca de olhares, sorrisos e mãos, de resultado infalível que há de conduzi-las, pese à escassez, ao florido altar; entre melodiosos acordes, anjinhos loiros e virginal corte de preciosas moças, e mais interessantes rapazes.

Eu, de minha parte, sem comprometer opinião definitiva, penso que também isso pode se resolver, em grande parte, pelo procedimento da demanda e oferta, resultando assim, favorecido a possuidora das melhores fortunas.

Creio que não será difícil que, amanhã, vejamos um aviso assim: "jovem possuidora de meio milhão de pesos, alta, elegante, de fina educação e bem afeiçoada, compra um marido…".

Não duvido que, nesse momento, se formarão associações de moças pobres para… jogar-se ao rio.

Feminilidades

O dia é cinza... uma chuva persistente golpeia os cristais, além disso, vim lendo no caminho coisas da vida de Verlaine... À pergunta: "Você é pobre?", que me dirigem, sinto desejos de responder: Emir, faço versos... Mas nesse preciso momento, olho a luz elétrica e me sugere uma quantidade de coisas: a época moderna, o século em que nos movemos, a higiene, a guerra ao álcool, as teorias vegetarianas etc.

Em um instante, compreendo que devo viver em meu século; mato, pois, o romantismo que me contagiam o dia chuvoso e Verlaine e escolhendo meu mais despreocupado sorriso (tenho muitos), respondo: Regular, Emir... vou vivendo.

Então, o Emir me propõe: "Por que você não assume em *La Nota* a seção Feminilidades?" Dirijo-lhe a Emir o mais raivoso olhar que possuo (tenho muitos).

Também, subitamente, me lembro: *conversas femininas, bate-papo entre elas, femininas, a Senhora Mistério*... todas essas respeitáveis seções se oferecem à amiga favorita, que não se sabe onde localizar. "Emir" — contesto —, "a cozinha me agrada em minha casa, nos dias escolhidos, quando espero o meu namorado e eu mesma quero preparar coisas deliciosas".

É o Emir, então, quem se incomoda; me fala, me diz não sei quantas coisas... creio que misturados às suas explicações, vêm uns discretos elogios. Tenho me convencido de que o Emir, para sua seção "feminilidades", quer um gênio. Penso que esse gênio sou eu mesma; me olho em meu espelho de mão para comprovar se eu sou eu. Noto que, de fato, não mudei.

Bem, pois: me disponho à seção "feminilidades".

Não quero culpar ninguém. Os orientais são fatalistas; Martín Fierro também o era... logo, o sexo feminino é resignado por hábito.

***

Se tivessem dito, há dois meses, que nas próximas eleições uma mulher seria votada, vocês teriam rido, porque não teriam suspeitado jamais que, de repente, assim como um fungo brotado depois da chuva, a doutora Lanteri tivesse posto à prova o cavalheirismo.

A doutora Lanteri, pessoa de minha amizade e meu respeito, é uma mulher que tem dado provas de uma grande originalidade.

Sendo médica e tendo seu consultório sempre lotado de pacientes, resolveu um belo dia fechá-lo e ir viver do que produzia uma granja de galinhas que ela cuidava pessoalmente.

Mulher com tal capacidade, não tem hesitado em se expor em praças públicas à maledicência de uma boa parte dos eleitores.

Eu sou uma curiosa nata.

Assim, quando vi anunciada a candidatura da doutora Lanteri resolvi investigar caso a caso a opinião pessoal da maior parte dos homens que conheço.

Tenho amigos a quem lhes pareceu digno de todo elogio as características da doutora, outros que consideraram grotesco e ridículo.

Não obstante, entre meus amigos pessoais, eu não conto com um bom rapaz de 20 a 30 anos, de cintura fina e cabelos brilhosos, pouco literato e modos gentis, primeira figura de saraus, doce acariciador de mãos brancas no compasso de um baile.

Andei, pois, à procura do homenzinho perfumado, movida pelo amor cívico, desejosa de penetrar pelas opiniões distintas o pensamento do país, até que me esbarrei nele.

Conhecê-lo e ir diretamente satisfazer minha curiosidade, foi único.

— O que você acha da doutora Lanteri?

— Que é feia — me respondeu.

Achei tão engraçado que ainda estou rindo.

Nós... e a pele

As estrelas continuam no firmamento, a terra continua dando voltas; depois da noite vem o dia; ao dia o sucede a noite... vão os rios pela mesma descida... aos fados obrigada, os Andes ainda estão de pé...

Acreditamos, por um momento, que haviam ocorrido coisas fundamentais pois haverão de saber que algo novo tem debaixo do sol: se descobriu não sei que íntima relação entre a moralidade feminina e a pele; foi descoberto agora em pleno século vinte, quando já nos permitíamos, as ousadinhas, dizer em voz alta que conhecemos um escritor que se chama Maupassant. Ó desgraça!

Correremos a partir de hoje mesmo para as lojas, pediremos muitos metros de tecido para fazermos vestidos especiais, usaremos véu pesado no rosto, nos colocaremos luvas de dois centímetros de espessura nas mãos... Ó desgraça maior!

Iremos ao teatro com aparelhos para taparmos os ouvidos e lentes esfumadas nos olhos... iremos ao teatro levando nas mãos os contos de Branca de Neves, Barba azul e Cinderela, para lê-los enquanto representam. Caminharemos pela rua sem levantar os olhos, não olharemos para nenhum lado quando formos pelas calçadas e entregues a esse casto sacrifício cairemos vítimas de um carro veloz.

Ó romântica e pura morte de uma menina do século vinte!

Tudo isso nos foi sugerido primeiro em uma disposição municipal proibindo aos dançarinos que apareçam no tablado com as pernas sem meias, e , segundo, em uma associação de senhoras contra a moda, para evitar os excessos do descoberto.

Resulta, pobres de nós, que muita parte da dignidade e o pudor femininos o temos na pele, a que não podemos nem mostrar nem olhar sem que nossa moral sofra prejuízo.

Nunca até hoje tinha me ocorrido pensar que fôssemos uma coisa tão amorfa como aquele fato dá a entender.

Até hoje eu havia pensado que a moral feminina era muito mais profunda, mais valiosa, mais completa.

Eu tinha me permitido sonhar que podíamos ir a uma sala de espetáculo e ressuscitar a Grécia maravilhosa em um casto desnudo... havia acreditado que tínhamos o direito de ir aos museus e esquecermos de tudo diante da presença de um mármore perfeito, havia sonhado que isso era tão nosso como a água que bebemos... Havia acreditado que dessa sensação de arte ressurgíamos elevadas e dignas, capaz de entender a dignidade, capazes do perdão, do sacrifício, de todos os mais grandes sentimentos humanos, e eis aqui que os homens descobrem na pele e na nudez as propriedades de Satã e querem nos salvar, ó protegidas mulheres, de seus maléficos perigos, pondo entre Satã e os olhos uma meia de seda muito transparente, muito fina muito sugestiva...

E esta magnífica associação contra a moda!

É uma espécie de cobertor de lã para afogar as chamas que podem desprender de um pescoço suave...

Gentis senhoras: eu opino que o perigoso é o pescoço, e se sua pele delicada e bela é um estorvo para tranquilidade do mundo, tem que ser feita uma associação para cortar todos os pescoços formosos, mas as cobertas são ordenadas a ficar...

Reunir-se no salão, fazer uma lista da comissão diretiva, tomar uma xícara de chá, fazer um inofensivo comentário, é coisa que todos os dias fazem as mulheres e os homens, porque algo deve-se fazer para que passe a vida o mais rapidamente possível.

Mas empreendê-la em doutrina severa contra a moda, por exemplo, enquanto se descuidam dos problemas fundamentais da vida, no sentido econômico e educacional, me parece o mesmo que se pôr a esvaziar o mar com um mau baldinho de criança.

Ó, o mundo está muito perdido; isso já sabemos. Faz séculos que se repete...

Mas não há de se confiar em renovações realizadas entre quatro e cinco da tarde, em palavras amorosas e em boas intenções.

As renovações, se vem, se anunciam mal: raios e trovões as precedem, diluvia muito.

As renovações vão ao coração, aos pulmões, aos órgãos vitais da economia humana, e em si, a pele se regenera.

É frequente que para curar espinhas e cravos da pele, se cuide o aparelho digestivo ou a composição do sangue.

A moda, senhoras, é uma simples e leve brotoeja, inofensiva a maioria das vezes.

Mas se nosso zelo é tanto, é bom consultar a opinião dos médicos e analisar prolixamente o organismo...

Da vida

Sim! Das muitas coisas tragicômicas que tem a vida!
A família de X... Oh!... A reconhecida família!... que era de linhagem, e pôde se ver no enterro de um parente, onde teve muitos discursos; no casamento de Maruca, que foi chique; no trem que mantinham... nas numerosas pessoas a serviço, que apesar de um pouco magras, nada diziam contra ela, pois facilmente se explica que as muitas bactérias existentes em uma cidade populosa acabam com o organismo melhor equilibrado...

Aparentada a tudo de "melhor", possuidora de um sobrenome ilustre e com um dos "meninos" candidato a deputado, mas com os cofres vazios de dourado metal, tinha experimentado uma pequena contrariedade ao notar que as priminhas... as amigas... tinham uma professora particular ou uma mentora para suas meninas, e elas... como não o tinham notado antes?...

mandando suas crianças para a escola, expostas à crítica! Era necessário resolver a dificuldade, e foi resolvido.

Um aviso em um jornal local e uma proposta para a empregada deram o resultado desejado:

— O que a senhora quer? — Vinha por causa do aviso que tinha visto no...

— A senhora tinha me dito que já tem uma em vista, mas se a senhora quisesse o trabalho por menor preço a preferiria.

E se discutia o valor.

Cada vez que chegava uma, o diálogo se repetia, até que por fim chegou a pretendida; com 12 pesos mensais se conformava.

Muito pobre o terninho cinza da professora, o chapéu fora de moda... algum raspãozinho branco na parte posterior do sapato... mas finalmente, professora por doze pesos e a domicílio... assim valia a pena perdoar-lhe o traje tão pouco aristocrático.

— E como está?

— Perfeitamente, obrigada; e vocês?

— Muito bem; passeando como sempre; que novidades vocês têm?

— Nenhuma; ah! sim, estava me esquecendo: contratamos uma professora para as meninas.

— Ah! Muito bem! E como ela é?

— Inteligentíssima.

— Qual o salário?

— 80 pesos; como são três meninas e ela vem duas horas por dia...

— É natural! E considerando que são as três de diferentes níveis, não é muito. Júlia tem há alguns dias uma professora para a Rosita, mas se trata de uma menina distinta, de boa família... Se você visse como se veste bem! Na última moda.

— Pois a nossa também, veio recomendada por uma amiga; se não, não a teríamos contratado. É uma moça de linhagem... basta ver-lhe a aparência; se veste luxuosamente.

— E a que horas dá as aulas?

— De duas a quatro da tarde.

— Falta pouco para que chegue, então, gostaria de vê-la.

Uma ordem para a criada salvou a situação: a professora que entrasse pela porta de serviço... não era coisa de que a vissem no terninho cinza... o chapéu fora de moda... os pequenos raspões brancos...

E a professorinha entrou pela porta de serviço acreditando no pretexto qualquer que alegou a criada.

Aquela tarde, para as visitas a professora tinha faltado e era de se ver as fingidas indignações da dona da casa, quando sobre o tenso pescoço erguia a cabeça exclamando:

— Não é de se acreditar!... Uma moça tão distinta!

De vez em quando costumo ver passar apressadamente a professora.

Teme talvez chegar tarde!... E por isso que ganha por mês o suficiente para um par de botas e entradas pela porta de serviço nos dias que tem gente no saguão!

Sobre o matrimônio

Quando a mulher se casa, como quando o inexperto estudante ganha seu diploma célebre, acredita que ali terminou uma etapa de sua vida, quando, na realidade, a etapa começa.

De fato: nada mais simples que uma simpatia mútua que cresce até o amor e se encaminha para o casamento. Mas o que constitui assunto importante, tão importante que dele depende a estabilidade da família, é conservar o matrimônio ganho nas disputas do namoro. E a este respeito a mulher é de uma profunda ingenuidade.

As jovens que não passaram dos 25 anos, imaginam em geral, que o casamento é uma prolongação intensificada do namoro, enfeitadas com belos ramos de flores e adocicadas com grossas caixas de chocolates.

Se se fala com uma jovem do fracasso matrimonial de outra, opina geralmente: é que não se amavam; se se amassem, tudo teriam suportado.

Pude comprovar que, ao amor, lhe dão, as moças, uma força terrível, capaz de resistir a todos os contratempos e manter-se no mesmo estado de imutabilidade e firmeza. Imaginam o amor separado das coisas, como um sentimento estranho às tramas vulgares da vida; como uma espécie de luz divina imanente das coisas não tangíveis.

E daqui partem a maioria das desilusões precoces, e dos casamentos desfeitos.

Se conseguisse entender, a tempo, a mulher que apenas deseja casar-se, que o amor nasce, se alimenta e se aprofunda de coisas e mais coisas; que está nelas pronto a resplandecer e a se divinizar, que sabe elevar-se por sobre elas em magníficos ímpetos de idealismo, mas que, às coisas voltam muito frequentemente, para buscar pontos de apoio, haverá matado, com alguma precipitação seu romantismo, mas entraria na vida com pé muito mais firme, e mais capacitada para pôr-se diante da alma do companheiro em atitude de prudente espera.

Logo dificilmente entende a jovem que a personalidade não pode ser avassalada.

Imagina que a alma do seu marido vai se fundir com a sua; que seus interesses, como suas almas, também vão se fundir; que o amor vai fazer o milagre de fazê-los desejarem as mesmas coisas, e preferir as mesmas diversões, e adquirir idênticos hábitos.

Quando os primeiros choques se produzem, a incapacidade de entender a naturalidade destes choques, provoca a ofensa. A dúvida se inicia: "é que ele não me ama", pensa a mulher.

E por outro lado, ela tampouco entende, intimamente, a natureza masculina.

Algumas vezes pessoas amigas me perguntam:

— E, você, por que não se casa?

E eu tenho respondido:

— Percebo perfeitamente que uma mulher só, não é, nunca, o ideal completo de um homem. Essa segurança, subtrairia a meu casamento toda sua ilusão.

Pelo contrário do que eu penso, infinidade de mulheres acreditam haver silenciado, no homem que amam, todo outro fervor. A fidelidade, suposta, desse, é uma das suas maiores guloseimas espirituais. Prejulgam em si qualidades que as demais mulheres não têm e, para sua desgraça, confiam demais em seus encantos físicos.

Todas essas pequenas grandes cegueiras conspiram para que a mulher não tenha uma habilidade muito refinada para conservar o seu marido.

A lágrima, como primeiro resultado, agranda dificuldades; os nervos, com suas barulhentas manifestações, a intolerância do caráter, as deficiências da educação moral, a falta frequente de altas finalidades onde assentar o objeto da vida se deixam deslizar dia a dia, e aos cinco anos de casamento, na maioria dos casos, o fogo do altar está apagado, e o hábito, os filhos, o costume ou a indiferença, o substituem resignadamente.

Contadas são as mulheres que vão ao casamento com a consciência de que devem realizar uma conquista difícil. A mulher que se procede, se não é uma fria calculadora, se é, somente, uma inteligência sagaz que compreendeu que deve moldar o homem a uma nova vida e que em suas mãos está a maior parte da tarefa, pode ter a segurança de conseguir, para seu lar, toda série de benefícios espirituais e materiais.

Conheço um caso: trata-se de duas pessoas jovens, ambas em boa condição econômica, e dotadas de muitas belas condições morais.

Opunham-se os pais ao casamento da jovem, pois tinha, ele, fama de rapaz andarilho, apesar de suas muitas outras boas qualidades.

Depois de uma séria luta na que intervieram parentes e amigos, os pais dela consentiram e o casamento se realizou.

Enquanto isso, a negativa dos pais, as diversas investigações que eles fizeram para justificar a tendência amante do noivo, fizeram nascer na menina um sentimento de amor próprio, bem encaminhado, e, se propôs a colocá-lo nos trilhos; compromisso que se fêz em voz alta ante seus pais, afrontando toda responsabilidade de uma possível desgraça conjugal.

E começou a tecer a tela de invisíveis fios...

Nos primeiros dias de matrimônio tudo foi mil maravilhas; depois ele começou a sair de noite com frequência.

Cada vez que o fazia, ela, segundo sua própria confissão, com a maior alegria e bom humor, o ajudava em seu toalete... A melhor gravata, os mais finos lenços... Logo, o acompanhava até a porta, cheia de mimos e carinhos e quando ele havia se afastado, fechava a porta a chorar desesperada.

Mas logo a indisposição passava e como se não suspeitasse dele, o esperava até meia-noite, até à uma, até às duas...

Um chá quente reconfortante, a alcova perfumada e pronta, a mulherzinha alegre jovial... E aos seis meses desta tática, com alternativas de matizes, ela devia insinuar-lhe que saísse, e aos três anos de casados, do homem andarilho não há mais que um marido apaixonadíssimo e prudente, que, se não perdeu toda sua idiossincrasia, a limitou tão sagazmente que sua felicidade se assentou em sua casa.

Em seu desejo de acostumá-lo a amar seu lar, a encontrar ali todas as alegrias e os atrativos, fez ela coisas audazes: chegou a convidar para reuniões amenas amigas que sabia que lhe agradavam antes do seu namoro.

— Os sustos que levei! — comenta, relatando às suas amigas íntimas as peripécias de sua conquista. — E ainda não estou segura — costuma acrescentar com um pouco de vaidade, lógica, depois de tudo.

Seria de grande vantagem para mulher que se casa, que fosse sempre ao casamento na certeza de que vai se livrar de uma batalha com um possível inimigo.

E não creio ser audaz neste conceito.

Bem visto, todo ser está disposto, sempre, a ser inimigo de outro.

Se as duas personalidades que estão destinadas a marcharem na vida como engrenagem e roda não conseguem moldar-se às suas formas precisas, a repulsão deve se produzir.

E se se é inimigo de quem passa, de quem nada temos esperado, como não se há de ser inimigo de quem temos esperado tudo!

E que mistura horrível, dessa inimizade da alma e promiscuidade da matéria, em nome do costume, do hábito, de tudo isso burguês e ausência de alto sentido moral, ainda que moral queira ver a vida plena e estúpida que nos rodeia.

Concebo o casamento como uma auto-instituição do espírito, cujo único vínculo positivo é o fino amor, profundo amor, respeito profundo, tolerância delicada.

Mas ao meu redor tenho visto sempre pobres coisas, tristes negócios em compreensão, ignorância.

Direitos civis femininos

No nosso país não se pode falar ainda, seriamente, da emancipação política da mulher, ou seja, de abolir a incapacidade que pesa sobre ela, para que faça sentir, no voto, a força de seu pensamento, se o tem.

Nossa vida intelectual feminina é ainda lenta; se isoladamente algumas mulheres têm se destacado no pensamento, a grande maioria, sobretudo nas províncias, permanece vivendo espiritualmente uma vida colonial, mesmo que economicamente seja um fator útil.

Verdade é que os homens não vão muito além no que a vida intelectual respeita.

Provado está que o homem, no nosso país, volta pela agrupação de sua simpatia, com um fim imediato de melhoras econômicas, seja por meio do favor oficial ou da paulatina transformação das leis que à vida econômica importam.

Mas, pelo menos, a população votante ensaia sua consciência e vai selecionando, enquanto as novas gerações prometem entrar na vida política com outra capacidade intelectual: tal é, pelo menos, nossa esperança.

Dar hoje o voto à mulher, seria agregar a completa inexperiência à rotina néscia, seria somar ineptos a ineptos.

Quem o arriscaria? É que não há quem tenha já piedade do país? Alcançaria o único sentido moral da mulher para apontar um benefício coletivo? Quem a aconselha no engano?

E então como há de se dar voto à mulher quando está afetada pela incapacidades relativas que, segundo as palavras da lei, a inabilitam para ser testemunha dos instrumentos públicos e testamentos, para administrar seus bens, se é casada, para ser tutora de seus irmãos mais novos ou sobrinhos, para exercer algumas profissões especiais, como escrivã pública, por exemplo, ou corretora de comércio?

Importa, antes que tudo, que a lei se volte sobre seus passos e apague essas incapacidades, muito lógicas em outros tempos, quando a vida econômica era outra, quando os princípios ideológicos eram outros, quando as mulheres tinham vergonha de saber coisas úteis, ou não necessitavam sabê-las, ou melhor dito, acreditavam não necessitá-las.

A observação da vida, dos fenômenos sociais, de tudo isso raro que constitui o desenvolvimento da humanidade através do tempo e das coisas, costuma arrastar a penosos juízos.

Frente a certos fatos, se experimenta o erro permanente do homem, sua pretensão frente ao desconhecido e sobretudo, essa teimosia de sua consciência, que com heroísmo realmente grotesco, acredita reger a vida mantendo a letra de uma lei, que os fatos estão fazendo saltar de seu centro a cada instante, e teme carregar o mundo nas costas, abrindo legalmente uma nova válvula às expansões humanas.

E é que a maioria dos seres vivem de empréstimos; e é que dificilmente se põe com a consciência e o cérebro desnudos, frente aos fatos, deixa-se impressionar por eles. Recebem aos fatos com o mundo que lhes têm fabricado as coisas prestadas e quase nunca entendem.

Só assim pode se explicar que haja leis que afetem a minúcias da vida diária que permaneçam imutáveis por meio século!

Quando a lei deveria ser, pelo contrário, luz orientadora emanada dos espíritos mais sagazes, coisa móvel, capaz de sofrer todas as ondulações da vida, acompanhar seus estremecimentos, preveni-los e orientá-los: só assim mereceria a lei a adesão das maiorias.

Na câmara de senadores está atualmente em estudo um projeto do senador doutor del Valle Iberlucea sobre emancipação civil da mulher. Tratam os diversos artigos sobre estabelecer a família não sobre a absoluta vontade e responsabilidade paterna, senão sobre o equilíbrio das duas vontades, pai e mãe, e também das duas responsabilidades.

Segundo ele, as mulheres têm plenos direitos civis, podendo exercer toda profissão lícita ou desempenhar qualquer emprego civil, onde somente se exige a capacidade.

Além disso, dentro do matrimônio, toda incapacidade da mulher fica abolida, e seus direitos se igualam aos do marido na administração de seus bens próprios ou gananciais.

No entanto, ao contrair matrimônio, os contraentes podem optar pelo regime estabelecido pelo código vigente, o que subsiste somente para os casos em que a ele desejem se ajustar.

Mas, ainda subsistindo esse, se a mulher, depois de casada e ao chegar a sua maioridade desejar mudá-lo pelo da separação de bens, pode fazê-lo com uma só declaração frente ao chefe do registro civil.

Entretanto, ainda acolhida por vontade expressa ao atual regime de bens, a mulher não pode renunciar a administrar por si só as rendas ganhas com seu trabalho e a depender unicamente de sua vontade para trabalhar no ofício ou emprego.

Também estabelece o projeto que quando a mulher trabalhar juntamente com o esposo, deverá ser considerada sua sócia e repartir com ela os ganhos.

Claro está que essas disposições têm seu contrapeso, pois a mulher, ao adquirir privilégios, deve contribuir por igual para sustentar os gastos da família. Esse projeto habilita a mulher para servir de testemunha com a amplitude concedida ao homem e exercer a tutela nos casos que a atual legislação lhe proíbe.

Contém muitas outras disposições que não é possível detalhar neste breve artigo, mas que confluem ao fim expresso: libertá-la de suas incapacidades, protegê-la contra a má cobiça, aliviá-la de sua inferioridade legal.

E trata além disso o projeto, um ponto especial: o da mulher que é mãe sem o apoio da lei.

É sabido que esta mulher, mãe de um ser humano, que há de servir a sociedade em igual forma que os chamados filhos legítimos, não tem proteção alguma da lei, nem do conceito público, nem da tolerância social.

A mulher nessas condições, se quer educar o filho, mantê-lo ao seu lado, há de usar de subterfúgios, recorrer a falsidades, desonrar-se de covardia.

Se tem dinheiro, se o pai do menino é um homem de consciência, tudo se remedia, inclusive economicamente. Mas se é pobre e há tropeçado com vulgar caçador, chega facilmente ao suicídio, ao infanticídio, ou se arrastará servindo nas casas onde a recolhem por caridade, até que o hospital a auxilia em seu mal transe.

Para o homem cúmplice na vida de um ser, não há sanção nem legal nem moral. Há mais: nem sequer está obrigado economicamente a nada.

Isto é um resquício do cristianismo mistificado; vêm essas coisas de muito longe; estão metidas pobremente em nossas consciências. Isso, olhando profundamente, é uma das coisas mais nauseantes do momento atual de nossa vida.

E as mulheres somos as verdadeiras responsáveis disso: é nossa hipocrisia a que nos destrói, é a que destrói a nossa companheira; é a falsidade entre o que somos e o que aparentamos; é a covardia feminina que não tem aprendido a gritar a verdade por sobre os telhados.

E o homem aproveita habilmente essa covardia.

Contra essa covardia e contra essa crueldade vai este projeto: a mulher pode reclamar contra o pai do seu filho; exigir-lhe uma pensão para educá-lo, obrigá-lo a arcar com gastos de enfermidade.

E pelo menos a única sacrificada será ela; que o menino poderá liberar-se do hospício, da caridade pública, quando não de uma morte prematura.

Também o doutor Rogelio Araya apresentou à Câmara de Deputados outros projetos sobre direitos civis e políticos da mulher.

Isto e o movimento da opinião a favor de uma ampla dignificação feminina (este movimento, justo é dizê-lo, está até agora dentro do círculos intelectuais), faz acreditar que, civilmente, a mulher há de ser emancipar em breve no nosso país.

São 714.000 as mulheres que trabalham na República! Todas essas mulheres capacitadas para ganhar a vida e que representam uma força considerável, merecem, quando menos, a inteligência dos legisladores.

Votam, além disso, as mulheres, em quase toda Europa, e na meia América. O que se concederia às mulheres nossas, é algo insignificante, comparado com os privilégios que de que hoje desfrutam em quase todo mundo civilizado.

Votaremos

Senhora: um dia destes será você surpreendida por uma notícia terrível: você poderá votar. De repente será você transformada em cidadã. Você não fica com a pele arrepiada? Cidadã... não lhe recorda essa palavra os belos tempos da Grécia quando os cidadãos se reuniam a deliberar no Paix; ou as assembleias romanas, durante as quais os votantes deixavam cair "tabelas" que expressavam o nome de seu candidato?

Há de receber um susto maiúsculo, algo assim como se uma poderosa montanha viesse rodando em direção a você e não pudesse sair correndo.

Pensou na grande responsabilidade que vai cair sobre você, que, em sua vida, não há feito outra coisa que trazer ao mundo quatro ou cinco meninos, meninos que bem puderam brotar como fungos?

Acalma-se, senhora. Quando chegar o momento de ir depositar seu voto, faça algumas discussões, pela noite, de braço dado ao seu senhor esposo.

Sairá você a respirar ares de civismo, a educar seu coração de cidadão.

Possivelmente haverá visto por essas ruas, em grandes cartazes, umas caras cheias de lentes — há vários dias — e, debaixo delas, programas, frases, promessas, declarações, etc.

Saberá você que na esquina de tal e tal, um homem, dois homens, 10 homens, farão uso da palavra. Chegará você ao lugar da reunião, com seu ingênuo coração de mulher, para escutar aquilo que há de acendê-la na chama sagrada. Quando você chegar perto daquele conglomerado de cidadãos ouvintes, se deterá a escutar conversas, frases isoladas, discussões, ideias.

Você pecará na entrada, por seu defeito maior: levar as coisas a sério. Já disse Dickens que às mulheres não lhes desagrada fazer as coisas mal feitas.

Assim, pois, você que vem impregnada de certo idealismo, de certa falsidade heroica de conceitos, que, possivelmente acreditou que é certo tudo o que os livros disseram sobre Grécia, Roma, Revolução Francesa, e igualdade futura, se sentirá envergonhada do murmurinho cidadão que zumbirá ao seu redor.

Depois verá você um homem parado sobre uma tribuna, sentirá que a seu ouvido chegam palavras;

quererá segui-las, como um raio ao fio condutor, até chegar à alma daquele que fala, à sua consciência de homem responsável, e se chocará você contra um mundo artificial de enganos, astúcias, falsidades e mesquinhos interesses.

Depois verá você mil homens que batem as mãos; mil gargantas que gritam: urra! Uma voz, da multidão saída, rugirá: abaixo os chapéus!

E na noite de lua, debaixo de um céu inocente e cheio de luz, você verá como eu vi, a mil cidadãos descobrir-se ante outro cidadão que permanece coberto, e pensará você em seus filhos, na vida, na pobreza humana; e você que perdeu o costume de chorar, deixará escorrer lágrimas ardentes de protesto, de dor, de tristeza.

Sim, senhora; você chegará também ao cidadão. Será igualada, com grande terror, ao analfabeto nascido homem, ao suburbano, que se alimenta da esmola do comitê, ao pobre peão, que vai votar em massa, ao empregado que quer conservar seu posto, ao indiferente que se abstém.

Que as estrelas a iluminem, senhora, sua escassa celebração a desligue da habilidade cidadã das multidões modernas. E por favor, apesar disto, não se ponha muito séria.

Filme de Mar del Plata

Não vim para descobrir Mar del Plata.

Uma pena voa por estas crônicas. Se abre e se fecha o objetivo e pega uma cor, um gesto, uma linha.

O ambiente não dá para mais, a multidão, já na praia, já na roleta, já na rambla, oculta continuamente seus perfis; o mar muda de pele e pose a cada momento; a onda engole sua vítima e foge para digeri-la em seus úmidos subterráneos, sem que ninguém a veja.

Assim, de rápido, o olho do cronista.

Dança à beira-mar

Dança o mar abaixo e dança o homem acima.

O mar, ao fundo, sacode os pilares que sustentam a confeitaria, e as lâmpadas penduradas oscilam com o balanço sinistro.

Mas a orquestra doma o canto do mar: o tango exalta os músculos dos pés que querem quebrar o couro dos sapatos e se arquear.

Acoplado, o ser humano esquece o oceano e o apresenta às plantas deslizantes, enquanto, ao longe, um leque de gaivotas morde de branco o chumbo do céu.

Casais

E começa o desfile de casais heterogêneos agrupados no balneário como o vento junta as folhas dos quatro pontos da cidade. A casualidade de Buenos Aires, a timidez um pouco pedante da província, e o término meio indefinível, que é maioria, difícil de capturar à primeira vista.

Casal conhecido

Ele a tirou de lá, na capital de uma província, de uma casa de misérias.

Agora, sempre um pouco grossa e de olhos inchados, se veste de preto e fica de saltos altos que cantam o tango que só os subúrbios sabem fazer.

Rolinhos grossos detrás da orelha descoberta, a garganta distorcida e sensual, as pesadas falsas joias, o terno apertado e brilhante revelam a vida distante enterrada.

Marido rejuvenescido

Sim; dança com a esposa; com a legítima esposa.

Durante anos permaneceu inclinado sobre os livros, os números coloriram o cabelo de branco e a cadeira contornou o abdômen.

A praia revela dois ou três dias de praia e a calça branca seu rejuvenescimento momentâneo, compartilhada com a velha amiga de todas as horas. E é a chicotada do mar na tireoide que o deixou de joelhos, aquela rotação animada e levemente saltitante da velha máquina recentemente lubrificada.

A menina azul

Rodeada pelo pai, a mãe e os irmãozinhos, a garota doce de azul cortou seu terninho de uma nuvem que teria o capricho de arranhar com as costelas de espuma do mar.

De onde tirou o ouro morto do cabelo?

Essa sua luz vem de fora e parece refletida como o dourado de algumas estrelas.

O ébano flexível do corpo, oxidado a sal e iodo, humaniza a túnica envolvente e queima um pouco sua pureza mística.

Senso comum

A família invade a confeitaria. Um barulho particular, com arrasto de cadeiras, denota sua pressa para conseguir a melhor mesa.

Cabelo loiro abundante, pele muito branca, seios generosos, lábios grossos, denunciam a raça semítica.

Aqui sim; aqui não; de repente, como a água tumultuada por um cano, o conglomerado se desliza em direção de uma mesa situada entre o espaço destinado para o baile e a janela com vista para o mar.

E um forte menino de cinco anos faz em voz alta a prevenção que o adulto esquece.

— Eu não me sento aqui se não abrirem a janela.

Apaixonados

Dançam aparentemente seguindo a música da orquestra, mas, na realidade, seguem um ritmo interior que os olhos brilham.

Parecem feitos de substância diferente do resto da massa e limpam o ar por onde passam.

A cabeça dela já vai caindo sobre o ombro do amado como parte da estrela que perde sua órbita, e a mão dele não se atreve a mudar de lugar sobre as costas.

A orquestra silencia e o casal ainda faz, distraído, alguns passos do baile. Quando se recupera e volta a seu lugar, os sorrisos dos vizinhos surgem em seu caminho como flores que não percebem.

Uma mão

Uma mão desconhecida se aplica, aberta, sobre o vidro que torna o mar transparente. A mão o ignora, mas cobre a planície de água, a colina vizinha e o cabo distante.

Enquanto uma valsa antiga cria uma atmosfera de reverência e crinolina, o cronista quer capturar a luz de fundo da aranha de cinco dedos, apropriando-se da imensidão.

Inglesas

Com a cabeça um pouco erguida, acenam. O ambiente não lhes parece nada ruim. Tomam chá parcimoniosamente. Mastigam bem o bolo açucarado. Chamam o garçom e pedem mais água quente.

A velha senhora de cabelos brancos e pele avermelhada, coberta de ricas e antigas joias, oferece seu frasco a uma jovem de catorze anos, simples e sem enfeite algum – usa uma saia de lã cinza plissada e um terninho de lã verde – que começa a fumar seu cigarro na presença do pai, sem afetação, com a naturalidade dos de outras raças de sua idade, embora muito pintadas, mastigam uma bala.

Sortudos

Alemão? Norte-americano? Seria difícil afirmar. A maçã afiada do pescoço parece captar o ar e está todo vestido de branco, organizadíssimo, com alguns camarões decorados de limão. Passa dos cinquenta e está na companhia de um jovem argentino.

Eles conseguiram duas irmãs gêmeas, muito oxigenadas, evidentemente polonesas, com as quais dançam sem parar.

É um dia de abundância de homens e a garota de família, modesta, desaparece um pouco antes da delicadeza imediata com que nossos dois homens, incessantemente, viram o olhar masculino.

Um de origem nórdica

Usando terno de lã cinza, o estudante não pode ter mais do que dezesseis anos; o corpo fica mal delineado no terno folgado e as costas curvadas impulsionam seus longos braços para frente.

Números. Por sua testa deslizam números, equações, problemas. Dança friamente, como boneco de madeira e a deliciosa porcelana que lhe escapa a cada movimento das mãos recebe dos seus lábios, muito ocasionalmente, um sorriso tímido mas profundo, que dobra seus lábios finos num gesto de nítida contenção.

O arco sereno da testa revela o homem que sabe morrer: mas o sorriso piedoso do estudante portenho típico que o acompanha só reparou em seu terno deselegante e em suas pernas rígidas.

Estudante portenho

A cabeça alisada se abre na nuca em ondas leves, muito cuidadas.

O olhar de lince, vivo e móvel; o terno irrepreensível. Ninguém dança melhor do que ele, nem tem sua simpatia comunicativa pessoal.

Esprema materialmente a sua parceira em abraços, palavras e sorrisos.

Conheço aquela mão polida que percorre a anatomia das suas costas como se quisesse contar as células para fazer um exame.

É a mesma que joga nas paredes dos hospitais dedos mortos dos transeuntes.

Mas sua alegria cobre tudo e rei da confeitaria, de cuja ombreiras brotam mantos feitos de flores de inconsciência; o velho médico que o observa conta, morrendo de rir, aos seus ouvintes, o longo repertório de suas graças e se detém particularmente naquela de quem ele se autodenomina vítima.

Francesinha

O namorado rejeitado vem para o chá dançante com uma francesinha que usa modelos novos todos os dias.

Ele tem vinte e oito anos. Ela passa dos trinta e cinco: corpulenta; meias muito caras e suspensórios; platinada, olheiras e boca típicas.

A namorada, cercada de seus familiares, muito pálida, toma seu lanche entre risadas falsas, e seu irmão olha para a francesa com ressentimento e ganância.

A orquestra rompe um acorde conhecido e o namorado vai com sua companheira para a mesa dela.

Ao passar, ele tenta quebrar o corpo da moça em um elegante corte de tango.

Mas as pernas estrangeiras só respondem à insinuação com uma ultrapassagem desajeitada, que ressalta o riso da namorada e tentam cobrir o seu abraço nervoso e o seio da francesa que está materialmente incrustado no seu peito.

Arrogante empregado

Muito duro. Dança, mas não se entrega. Não tem por ali algum subordinado que veja isso? Tem medo do ridículo, do riso.

E aquele infeliz a quem consulta sobre assuntos técnicos, aparecerá na confeitaria? Não, seguramente; o pobre diabo ganha duzentos pesos por mês...

Ele teve, é certo, uma boa massagem; sua água de colônia é de primeira classe; seu lenço de linho causa inveja na espuma mais branca. Mas tudo isso pode desaparecer, evaporar, enrugar.

Está bem dançar, mas com medida; desnudar, mas sem perder a hierarquia.

"Le mot de la fin"

Porque enquanto a orquestra atordoa, olho o mar e penso: a terra é uma laranja totalmente recoberta de água; suas partes terrestres se projetam como conchas da própria água que as sustenta e nutre...

(*Crítica*, fevereiro de 1936)

Uma carta

Minha querida,

Recebo sua carta, tão cheia de perguntas, e me apresso em respondê-la.

Sim, o que lhe disseram é certo: quebrei meu compromisso com Ernesto, mas as causas, ou melhor, a causa, é muito distinta das que você supõe. É tão simples que lhe custará acreditar nela, e é que estamos habituados a considerar que as grandes coisas de nossa vida se ordenam, se movem e se canalizam apenas por grandes coisas. É uma imperfeição da imaginação. O homem não quer crer que sua vida, sua felicidade ou sua ambição possam ser destruídas por uma folha leve que venha ao seu encontro, trazida por acaso.

É por esta razão que, quando alguém morre de repente, os enlutados se lamentam de que não tenha estado pelo menos um mês doente. A dramaticidade do médico, do medicamento, dos sacos de oxigênio, dos choros, das despedidas, teria mais lógica uma morte: sua ostentação, mais de acordo com a dor que provoca.

Hoje vai me encontrar com mania de filosofar. O que quer? É o único que sobra para os que perderam o molho vulgar que faz a felicidade da humanidade. Há perigo de ficar fino.

No final, pois, que estou vazia do vazio do amor, e este estado de ânimo, desesperante, me faz às vezes chorar, rir em outros e me entediar o resto. Você me diz que sente falta de duas coisas: a primeira, que eu tenha me comprometido; a segunda, que eu tenha quebrado meu compromisso umas semanas antes de meu casamento. Você está certa em sentir falta: eu havia me proposto não amar, depois daquele profundo amor não realizado. Uma mania igual a outra, mas uma mania que pode favorecer, pelo menos, o segundo homem destinado a me amar...

Não creia que não me interessa o amor. Vivo apaixonada pelo amor. Mas estes homens modernos, minha querida, de que matéria estão feitos? Entrar para olhar para dentro é como espiar uma estante de ternos feitos: todos são iguais. Me apaixonei por meu noivo, ou acreditei me apaixonar por ele, somente porque o considerei, não melhor que os demais, mas sim desigual.

Não faltou autor que tenha dividido o amor em grupos. Me parece um erro. O amor é um; só os sujeitos que o recebem são diferentes: ganha a cor do temperamento que o gasta, mas ele, em si, é imutável e de sentido eterno. Tenho amigas que me dizem que amaram diferentes seres de modos diversos: devem estar equivocadas. O que creem ser modalidade só foi intensidade. A intensidade do amor definiu sua coloração. Um determinado ser despertou, sem dúvida, toda a capacidade de amor que havia em suas almas; outros só tocaram algumas de suas nascentes: é aí a única diferença entre os amores que um mesmo ser pode sentir por valores humanos de distinta química.

Mas, minha boa Luísa, perco tempo nesta divagação sobre o amor e não lhe conto o motivo de minha separação. Ah, sou muito estúpida, e boa sonhadora. Não dou um passo firme na vida. De engano em engano, de erro em erro, de surpresa em surpresa. Ah, as maravilhas da inteligência! Uma grande inteligência só serve para apreciar melhor a facilidade com que nos enganam. Você vai rir de mim, mas já sabe, por outro lado, quão impressionável sou: o que lhe digo é estúpido, mas não inverossímil.

Eu me apaixonei pelo Ernesto por causas alheias a ele mesmo, por sua delicadeza. Eram nossas más horas. Papai tinha quebrado, Matilde fugido de casa depois do escândalo que já sabe. Eu mesma fui colocada no pelourinho, e de que maneira! Um dia, depois de conversar com Ernesto sobre todas estas minhas vergonhas, ele pegou minha mão e a beijou com um profundo respeito, todo temeroso. Então me falou de amor. Eis aqui sua originalidade. Todos fugiram de nós. Ele se pronunciava humildemente.

Me impressionei. Mas, entretanto, não tinha inclinação para amá-lo. Eu não gostava de algumas coisas suas. O achava pouco franco. Me dizia, por momentos, que sua maneira de entender a vida não me convencia completamente. No entanto, aquele beijo me prendeu. Ele insistiu. Que sei eu o que passou por mim. A questão é que me pediu em casamento e ficamos noivos. Vivi horas de doce sonho. Nos encontrávamos pouco, mas eu escrevia muito. Suas ideias eram elevadas, delicadas, mas, algumas vezes, postas em prática, pareciam vacilar. Algo que eu não definia bem me seguia incomodando nele. Quando nos desentendíamos seriamente em algum assunto, eu ficava com desejos de romper, mas me lembrava daquele beijo, das circunstâncias que o provocaram, e a ilusão do amor voltava.

Você sabe que Ernesto foi educado por gente muito severa. Até depois de seus vinte anos não se atreveu a pensar por si mesmo. Ideias de um terrível puritanismo o continham. Depois de libertado, por suas leituras pessoais, conservou em sua vida uma medida que me agradava. Assim estávamos quando um belo dia me ocorreu interrogá-lo sobre sua vida sentimental passada. Queria saber de suas namoradas, de seus amores, e até de suas loucuras. Era muito reservado; me garantiu que sua vida sentimental era escassa, e para me demonstrar como tinha sido sua ingenuidade me contou um fato: ele viajava com sua mãe e, no hotel onde se alojava, uma jovem e bonita empregada começou a persegui-lo. Cheio de medo de que sua mãe percebesse, tentou evitá-la, mas, nos momentos em que se encontrava só, ela entrou em seu quarto. E me contava meu namorado como ele pegou na mão dela e a beijou tremendo...

Oh, minha querida Luísa: não queira saber mais: a empregadinha em questão era uma "hábil" empregada de hotel, e meu namorado, sem pensar nas consequências que me podia causar, me revelava que a tinha beijado com o mesmo beijo que estava decidindo minha vida, e que me tinha feito tolerar tantas coisas. Senti uma estranha vergonha por ele e por mim, e nesse mesmo momento deixei de amá-lo. E é que esse insignificante detalhe me revelou que o que eu tinha tomado por delicadeza íntima era uma modalidade, e o que considerava sentimentos elevados era só educação. Não soube pensar, não quis talvez pensar que aquilo foi uma coisa feita há vinte anos, por um rapaz inexperiente; sofri o desencanto antes de raciocinar, e nenhum raciocínio posterior pôde destruí-lo.

Você vê, orgulho, grande orgulho, em primeiro lugar, e capricho e inconstância tiveram em minha decisão, mas o que fazer? A ilusão daquele beijo, que era como uma lâmpada azul e mágica que vivia velando e suavizando meu amor, tinha se quebrado e minha vontade não podia reconstruí-la. Você poderia supor que inventei um pretexto mais sério para romper meu compromisso. Ninguém pode acreditar que isto seja um pretexto sério. Ele, é claro, menos que ninguém. E agora lhe peço que não revele uma coisa assim a nenhuma pessoa. Você compreenderá que não tenho nenhum interesse em parecer louca: me basta sê-lo, de vez em quando, para mim mesma.

Um beijo,
Julieta

Tao Lao (*La Nación*, 24 de julho de 1921)

A imigrante

Entre as pessoas que chegam a estas terras como imigrantes, há um tipo genuíno, o da moça que vem sozinha.

Essa moça é a que fica nas grandes cidades como funcionária domiciliar ou nos institutos de saúde ou higiene como empregada.

É a mesma que, nas romarias e bailes populares, sobre a vertigem da terra e na batida da amada música regional, se esquece dos espanadores e das panelas, ressuscitando, assim, seu ambiente familiar.

O AUMENTO

A cidade produz na imigrante rápidos efeitos: como uma planta reimplantada que não sabe o que fazer com a exótica seiva que recebe, resolve repentinamente buscar um crescimento de ascensão. (Na verdade que isto do crescimento é uma imagem, pois o que à imigrante lhe parece é que se põe sapatos de saltos altos.)

Bem, pois, já aumentou de estatura e a planta revolucionada continua a transformação invariável que consiste em melhorar mil folhas às custas de seus frutos, convertendo sua seiva, que estava acostumada a dar sóbrios cachos, na vistosa folhagem.

Em seguida, a imigrante toma gosto pela pouca tarefa e o luxo externo. (No país onde for, faz o que vier), e dia a dia vão chegando as blusas de vistosa seda, a longa corrente de ouro com relógio "que anda", a bolsa de malha prateada e os grossos colares de contas.

Mas isso é na primeira fase. Na segunda, as cores se apagam; o couro dos sapatos se afina e tende a harmonizar com o tom do vestido: o modelo que no primeiro era seu companheiro de quarto, é trocado, no segundo, com a própria menina da casa, e chegando nesse ponto de sua vivacidade assimiladora, pede aumento de salário.

A DIMINUIÇÃO

Lá em sua terra, a imigrante tinha personalidade: se chamava María, Juana, Rosa etc., e era um dos seis ou sete membros de uma família; era assim a flor de um pequeno jardim, supondo uma esperança, uma possibilidade, um novo lar a se formar.

Sua vida sofria o peso da tradição e se movia cuidadosa e vigiada entre a igreja que apontava à distância e a terra que escurecia de perto, muito dura e cansada.

As árvores do caminho poderiam dizer: a que passa se chama María, ou Juana ou Rosa, mas as árvores de Buenos Aires apenas dizem que a que passa é uma caderneta de poupança.

A CARTA

A imigrante costuma se aproximar com um envelope na mão: é retangular como todos e vem cheio de inscrições que o ocupam de uma ponta a outra.

Dentre a dança de suas letras negras ela não decifrou mais que uma coisa: seu nome que na metade do envelope comprova que ainda existe e que se chama María, Juana ou Rosa.

Não abriu ela o envelope, e lhes entrega sem abrir, relembrando talvez aquela opinião paterna de que as mulheres não precisam saber ler, opinião esta que, substancialmente compartilhada por seus parentes ou amigos masculinos, costuma deixá-la com as mãos limpas depois de alguns anos de constantes excursões ao banco onde tem suas economias.

A MENTALIDADE

Um caso: uma dessas moças vai trabalhar para uma pessoa que a a repassa suas tarefas e lhe adverte: tenha o cuidado de não introduzir os dedos nesta tomada, pois você poderia morrer. Mas enquanto a senhora se retira ela suspeita que a vê como ignorante.

Como é possível que a morte, uma coisa tão grande caiba em um buraco tão pequenino e tão redondo? Se soubesse ela do que se morre! Se morre de uma facada, se morre afogada, se morre na cama depois de ter rezado muitas vezes, mas não se morre por pôr o dedo em um buraco que parece muito aos que ela fazia com o dedo indicador na fenda… assim…

E para rir de quem a vê como ignorante, coloca o indicador na tomada com toda a sua alma.

A VIDA É BOA

Que seja dito em honra da verdade, o quartinho no qual habitualmente dorme a imigrante é um sótão mal ventilado, onde apenas cabe sua beliche e seu baú.

Também seja dito em honra da verdade, com alguma frequência, que o salário não chega ao final do mês e a comida falta.

Mas apesar da pouca luz do quarto, e o baú que se esconde debaixo da cama, e o amigo que a rouba, e a família que está longe, e o marido que demora a chegar, a imigrante canta todo o dia ruidosamente e se lhe oferecerem voltar à terra natal não vai querer, e se lhe perguntarem sobre sua vida vai responder que a vida é boa.

E quando ela o afirma deve ser assim!

Tao Lao (*La Nación,* 1 de agosto de 1920)

As heroínas

Confesso-lhes, minhas doces amiguinhas leitoras, que coincidindo deliciosamente com vocês, tenho um verdadeiro horror pelos livros pesados.

E se esses livros pesados estão, além do mais, poluídos com cifras dispostas em prosaicos retângulos estatísticos, meu horror cresce respeitavelmente.

Pedirei-lhes, pequenas amigas, já que estão tentando lançar-se à vida política e que foram faz pouco tempo, e com graciosa majestade, a depositar um inofensivo papelzinho em uma lacrada urna, que, enquanto vocês chegarem ao poder e fazendo daquela maneira honrem a inexatidão que os glorifica, a inexatidão que tem feito mais belas as belas palavras, "quem sabe", legislarão suprimindo os pesados livros absolutos.

Porque os pesados livros absolutos, que não são, para nossa felicidade, femininos, têm muito de

monumentais armações apontados pela suficiência.
E ainda que nem vocês e nem eu entendamos muito
de arquitetura, o instinto nos faz temer quando nos
contemplamos, diminutas, ao pé de um desproporcional edifício, sobretudo se estão expostas as falhas dos
elementos apontadores.

De outra forma, não se esqueçam vocês que
à Macbeth, o pobre esposo, o venceu a suficiência.
"Você é invencível", disseram-lhe, enquanto determinado bosque não avance na sua direção. E o critério
humano do pobre esposo sugeriu-lhe que os bosques
não se movem nunca do seu lugar.

Mas os bosques, belas meninas, segundo os
insuficientes, podem mexer-se. Questão de interpretações e de formas.

E perdoem-me agora que salte novamente de
Macbeth às estatísticas.

Caso se aproxime um pouco a corada orelha,
os confessarei que o ilusionismo e o malabarismo são
exercícios saudáveis ao cronista. É bom que vocês vão
aprendendo se por acaso amanhã tentem avassalar o
delicado ofício.

Queria explicar-lhes que, apesar do meu horror
pelos pesados livros, costumo naufragar, com lógicas
reservas de insuficiente, entre censos e estatísticas.

E reconsiderando agora minhas palavras e
livrando a estatística de sua pesada armadura oficial,

penso que talvez não ande tão mal, pois a estatística é, depois de tudo, algo assim como um suspiro do azar.

Não me encontrem romântica e obscura. Explicarei-lhes: foi comprovado que os jogos de azar oferecem, com o tempo, algumas curiosas leis reveladas pela estatística. Vejam, pois, como o azar, impenetrável como uma mulher, revela algo de sua intimidade por via da estatística. O mesmo, ou muito parecido, que aquela por um suspiro.

Agora, sim, não podemos arriscar-nos a considerar se uma mulher tem, nesse caso de discreta confissão, melhor gosto que o azar no que diz respeito aos meios que para sua confissão escolhe.

Bem, pois: é o caso que às veleidades da estatísticas devo hoje minha conversa com vocês, o que já me reconcilia em absoluto com aquela.

Devem saber que entre as 200 mil mulheres que em nossa grande capital trabalham em diferentes profissões e ofícios, se destaca em um pequeno retângulo, assinado com o maravilhoso número 1, um reduzidíssimo grupo de heroínas, credoras da glória da publicidade.

Não imaginem que sejam, por certo, mulheres que exerçam a profissão de bombeiro, pois essa classe de heroínas ainda não foi registrada nessa cidade.

Nossas heroínas são mais modestas. Seu heroísmo é um heroísmo de estatística. Enquanto as demais mulheres se encontram agrupadas, confundidas em uma feliz cifra coletiva, em uma cifra de Defesa Social, elas se destacam valentemente, sozinhas, escolhidas pelo azar com a glória da exceção.

Eis aqui o detalhe das quatro heroínas:

Uma polidora de móveis

O ofício de carpinteiro não tentou a veleidade feminina. Segundo a suficiência da estatística, as mulheres resolveram seu desprezo pela madeira.

A madeira é áspera, e elas preferem, a julgar pelos seus ofícios prediletos, as sedas e os encaixes.

Mas olhem as curiosidades: enquanto não há uma só mulher que seja, por exemplo, pintora de letras, tarefa delicada dentro de sua simplicidade, assomam-se milhares as que trabalham aparando calçados em pesadas máquinas. Logo a madeira voltou também pelas suas jurisdições: uma mulher a reivindicou da indiferença feminina.

É, por acaso, por isso que escolheram, em carinhoso desagravo, a tarefa de polí-la. Existe em Buenos Aires uma, uma só polidora de móveis. Onde estará perdida na grande cidade esta original quanto musculosa dama que se atreve a comprovar que não necessita recorrer às artimanhas de Dalila para expor sua força? A quem, entre os felizes portenhos, lhe haverá tocado a sorte de apoiar-se sobre a resplandecente escrivaninha de carvalho aristocratizado pelas brancas mãos de uma mulher?

Por que não podemos supor que esta dama não possua, apesar seu ofício, as mãos brancas, pois uma larga, larguíssima prática da galanteria nos obrigará a não separar o nível adjetivo da palavra mão até quem sabe que remotas épocas futuras. E vejamos outra:

Uma carvoeira

Esta mulher já é mais que uma simples heroína de estatística. É uma heroína fora e dentro da estatística.

Porque esse é um caso de confissão, de dolorosa confissão de ofício.

Suspeitamos que, disseminadas na grande cidade, há uma quantidade respeitável de deliciosas carvoeiras que passam o dia recheando bolsas com incômodo elemento, mas que, solicitadas pela curiosidade oficial do senso, negaram sua profissão em um discreto pudor feminino de índole estética.

Olhem, apreciem este valor heróico de entregar-se à posteridade coberta de negro pó, ela que, como todas, há de amar singularmente as elegantes caixinhas onde a prolixidade industrial gravou em belas cores agraciados rostos de mulheres, flores exóticas, delicadas aves, originais arabescos, para fazer, sem dúvidas, mais ilusório o perfumado conteúdo de branco e delicioso pó de arroz que vestem cuidadosemente os papéis de seda.

Não me neguem, minhas boas amiguinhas, que bem merece a sinceridade valente desta anônima servidora da verdade oficial duas linhas de admiração e de elogio.

A GLÓRIA SEM GLÓRIA

Duas heroínas mais se destacam com o número 1 no censo da capital nossa.

Uma, garotas minhas, constrói jaulas e a outra, decora. Isso já não nos chama tanto atenção, porque sabemos que uma das predileções femininas é entreter-se na caça de bípedes, para o qual justo é que alguma se exercite na construção das jaulas, elemento sem o qual a caça de seres vivos não teria objeto.

Enquanto à nobre profissão de decoradora, o censo nos diz que quem a pratica é crioula, mas não deformando-nos sobre que classe de decorações a ocupam, tememos exagerar o elogio para informar-nos, tarde já, que decora, ponho por caso, apagadas bochechas.

COVARDIA MASCULINA

E agora quero terminar, dizendo-lhes que se uma mulher decidiu ser polidora de móveis e se outra se confessou carvoeira, entre centos de milhares e, nenhum homem se atreveu, no lugar, a penetrar em uma sagrada profissão de mulher.

Devem saber que todas as profissões de mulher, ainda as mais femininas, tem seu regular grupo de competidores masculinos que disputam suas tarefas.

Mas as remendeiras — ai delas! — as pacientes remendeiras foram abandonadas à sua própria sorte.

Nenhum homem quis chegar a posteridade por tão emaranhado caminho, e se algum, além em seus apuros de solteiro, aprendeu a guiar a agulha com regular habilidade, teve bem cuidado de que a posteridade não se percatasse destas minúcias, deixando em branco o armário que na linha das remendeiras, a previsão oficial havia destinado ao sexo forte.

Tao Lao (*La Nación*, 18 de abril de 1920)

A normalista

Noites passadas em um de nossos habituais pesadelos vemos coisas raras: era uma rua longa cujo extremo acabava em uma espécie de palácio luminoso.

Em direção a ele, em interminável fileira, caminhava com passo lento uma quantidade de mulheres: mostrava na cúpula do palácio um letreiro: "Posto".

Contemplando, distraída, a fileira, uma multidão heterogênea se amontoava nas calçadas e se ouvia o murmúrio de: "normalista... normalista...".

De repente, um avião atravessou o céu e como bando de pombas brancas (estávamos românticos no sonho) caiu sobre a fileira uma quantidade de papeizinhos brancos.

E nós que em virtude do pesadelo éramos apenas um insignificante mosquito, carregado com um par de óculos de tartaruga, começamos a ler sobre o ombro dos transeuntes os misteriosos papéis brancos.

E eis aqui o que vimos:

Os papeizinhos em questão tinham em sua parte superior esquerda esta pergunta: O que pensa você da normalista? E depois da respectiva opinião estavam as assinaturas mais estranhas: O papel... O francês... Uma árvore etc.

O QUE OPINA O PAPEL

A normalista é segundo meu ponto de vista um ser generoso; gosto demais, traçando sobre mim prolixas figuras geométricas, desenhos anatómicos, fórmulas algébricas, números, composições e monografias.

Na época dos exames, corta-me em longas tirinhas e depois de me escrever de muito pequena maneira me esconde, enroladinho, no punho da manga.

Confesso, pois, que à normalista devo o mais grato lugar que encontrei na minha vida e que não tenho contra ela mais que uma queixa: a frequência com que me toma de cúmplice assinando, sobre mim, o problema que lhe solucionou sua amiga ou a composição que lhe redigiu seu namorado.

Mas esta cumplicidade é uma das inevitáveis tristezas do papel.

Aproveito a oportunidade para me queixar e pedir proteção às autoridades contra tal abuso.

O QUE OPINA O FRANCÊS

Ah, a normalista é minha inimiga irreconciliável! Servi em vão de veículo dourado ao pensamento de Hugo, Lamartine, Verlaine...

Ninguém me desfaz melhor.

Durante longas horas, as bocas normalistas se cavam e se juntam graciosamente para me pronunciar; mas endurecidas pelo riso, saio de entre elas tão lastimado que corro para me refugiar nos lábios do professor.

Mas, ai de mim, que no meu heroico refúgio costumo encontrar o meu pior inimigo, e então, castigado e compreendendo que o mimetismo é a forma mais prática de viver, me faço de tonto, me moldo, perco minha personalidade e me converto em uma fórmula odiosa para a normalista.

E isso é o que mais me dói...

Porque eu fui sempre muito galante com as damas!

O QUE PENSA UMA ÁRVORE DO JARDIM BOTÂNICO

A normalista é minha amiguinha preferida.

Me visita com frequência das 17h às 18h e das 10h às 11h.

Geralmente não vem sozinha. A acompanham duas ou três amiguinhas e do banco mais próximo partem angustiosos suspiros.

As ouço conversar e não encontro grande diferença entre o arrulho de suas vozes e o canto de meus pássaros.

Como nos divinos tempos gregos, ouço que ao meu pé discutem coisas severas... soam com frequência palavras terminadas em "ia", mas não me alarmo, pois sei que tudo morre em uma sábia contestação de suspiros, que, depois de chegar ao banco vizinho, se perdem entre as folhas de minhas companheiras.

A normalista é o complemento de minha escassa poesia de servo de jardim.

Tanto entendo que, sem que se dê conta, inclino sobre ela minhas ramas e ao passar lhe acaricio os olhos com minhas folhas mais frescas.

O QUE PENSA UM FUNCIONÁRIO PÚBLICO

... Bah... tudo inútil... Sempre volta!

O QUE PENSA A MASSA POPULAR

... Uma normalista? As normalistas? Não sei... E para mim, quê?... Hoje é quinta? Opino que se as lançamos para correr, ganham as loiras.

O QUE OPINA UMA NORMALISTA

Opino sobre mim mesma o seguinte: que sou pobre. Que estudo com sacrifício para ajudar aos meus e gostaria de obter o posto que me dá direito meu título sem formar nesta fileira interminável de postulantes. Afirmo que sou inteligente e capaz.

E também afirmo que nenhuma culpa me cabe se me reclamo com o francês e outras minúcias normais, e não sou melhor.

E digo que aprendi, muito particularmente em meu curso, uma coisa velha: que os homens bons em marchas ruins acabam por se moldar à engrenagem e servi-la. Mas se protesto, não apenas contra os homens, mas sequer contra a linguagem, me expulsam... E como as exposições de fim de ano me ensinaram a mentir para mim mesma, justifico minha covardia, pensando, ao defender minha silenciosa conformidade, que as coisas são assim porque não podem ser melhores.

E logo.... é tão lindo não fazer nada quando ninguém faz nada!

E por último: minha mãe é viúva e meus irmãos estão despidos.

*

E depois de lidas estas respostas nos despertamos sem ter podido dar nenhuma opinião pessoal, pois um mosquito, por grandes óculos de tartaruga que suporte, é uma entidade sem palavra.

Tao Lao (*La Nación*, 13 de junho de 1920)

A mãe

Isto a que vou me referir não é um conto: apenas constitui o relato de um fato simplíssimo ou comum. Ocorre com frequência aos indivíduos que o menor detalhe, a mais insignificante observação, recolhidos em circunstâncias dadas, adiantam sua evolução espiritual bruscamente, fazendo-lhes compreender coisas e pensamentos que estavam em seu profundo subconsciente, desde vários anos, como amadurecendo.

Esses fatos são como nós praticados na linha íntima daquela evolução espiritual, e a lembrança tropeça continuamente com eles.

Pois o caso é que eu tinha uma prima a que chamaremos Enriqueta, se ninguém se opõe. Enriqueta, minha prima, era a moça mais fria do mundo: olhos claros, tão claros que pareciam se perder na luz; nariz fino e pequeno, lábios que eram apenas uma linha em negrito. Não se sabia se era ou não inteligente, pois não falava nem opinava nunca. Nada estava para ela bem feito e quando algo lhe parecia mal, sua opinião se sentia na ação e na palavra. Na escola foi como outros tantos: um cérebro que recebe o que o outro dá: negócio fácil... Assim, Enriqueta vivia como na margem da casa, sem estorvar, sem pressionar, sem dar nem pedir.

Em troca eu era como uma lâmpada muito acesa e monopolizava o espaço caseiro, saltando aqui, dizendo um verso por lá, cutucando opiniões, aturdindo com perguntas, inventando mentiras românticas: sempre andava eu, por culpa de minha imaginação travessa e inventiva, com contas atrasadas para pagar.

A família tinha concordado que eu era a glória da casa e levava minha posição com certa dignidade protocolar. É verdade que naquele tempo imaginava que a glória era coisa tão solene e pesada que para evitar que o pescoço se quebrasse no descuido, ao suportá-la, era necessário levá-lo erguido, duro: mais ou menos como costumam fazê-lo essas mulheres muito habilidosas que põem sobre a cabeça um pacote de roupa e se balançam pacientemente para mantê-lo em equilíbrio.

Enriqueta era, dentro de casa, uma cerca oposta à minha corrente: sorte da orla que olha passar a água indiferente e a limita sem esforço.

Gostávamos uma da outra sem nos entender, talvez por bondade recíproca, mas eu a demandava continuamente.

Uma manhã na qual a vi saltar da cama com grande agilidade, sofri como uma surpresa.

Ri dela fortemente, aconselhando-lhe com a superioridade de sempre, que se exagerasse no salto, em todos os momentos, um dia, ao querer se levantar, se encontraria com suas pernas já sem articulações, transformadas em pedra.

Devo prevenir que eu já começava meus ensaios literários e abusava da imagem de a comparação, escutando-me satisfeita.

Aquela minha prima estranha viu o seu pai morrer sem derramar uma lágrima!... Vamos: tonta, fria e até má.

Logo estivemos separadas mais de sete anos. Quando a vida nos aproximou de novo, soube que tinha se casado... com quem? Tive a sensação de que seu marido seria um senhor muito pálido, muito alto e muito magro e me pareceu muito estranho que tivesse se casado e sobretudo que já tivesse quatro filhos.

Fui vê-la.

Me recebeu com seu sorriso imperceptível de sempre, um beijo na bochecha mais leve que o toque em um tule; me mostrou sua casa com poucas palavras;

me apresentou seu marido que não era nem alto, nem magro, nem pálido.

Sua menina mais velha tinha aproximadamente seis anos. Que esplêndida criatura! Por acaso nunca vi mais bela: os olhos muito vivos, negros e produndos, contrastavam com o cabelo loiro, soltos em grandes cachos; as carnes, rosadas e firmes, tentavam superar a pele em uma potência vital assombrosa... E era tão doce!... Me apaixonei pela criança; repetia a minha prima, a cada instante: não se parece nada contigo; você a roubou; a cegonha que a trouxe não falou contigo.

Por sua vez, o segundo filhinho era o mais feio e insípido que se pode imaginar: o rosto muito vermelho, olhos azuis e redondos como duas bolinhas de vidro, o olhar desviado, quase branco o cabelo, como se fosse loiro, e grosseiro e reorientado como a mãe.

Fugiu de mim quantas vezes quis me aproximar.

Os mais pequenos me interessaram pouco.

Quando me fui da casa, e ao lembrá-la em seu conjunto, me parecia como uma sombra que destacou uma luz fascinante: a formosa criatura aquela... a maiorzinha... Os demais, inclusive minha prima, não me tinham tocado o coração.

Voltei à casa, carregada de pacotes, uma e várias vezes.

Quando entrava, os meninos me recebiam gritando alegremente: a tia!, a tia! Mas a tia dava um puxão de orelhas em um, um beijo em outro, e colocava sobre as saias a criança maravilhosa, lhe ensinava versos, lhe acariciava o cabelo e lhe beijava a ponta das unhas.

Foi assim como uma tarde, enquanto a criança, como os gatos mimados, se fazia como um cordeirinho em meu colo, o menino dos olhos redondos e cabelo loiro como estopa, se sentou em um cantinho do cômodo e com os olhos fixos e muito aberto olhou a sua irmã em meus braços...

E eu, ao vê-lo imóvel como uma pequena estátua, fosco e tímido como sempre, pensava com minha clara inteligência, com minha perspicácia de observadora: está feito da mesma pedra que a mãe; ali está quieto sem que um só músculo da cara se mova... as bolinhas de seus olhos como sua alma... puro gelo.

Foi quando minha prima se aproximou, e em voz baixa, rapidamente como se as palavras escapassem, me disse:

— Pobrezinho: está olhando a sua irmã no colo como uma andorinha; porque é tão feio e defeituoso, não o acariciam nunca!

Não poderia expressar como foram ditas estas palavras: graficamente as representaria por uma linha muito fina quebrada em ângulos.

Lembro agora que o sangue me esquentou o rosto como se tivessem me surpreendido roubando.

A horrível vergonha, a vergonha de não entender um sentimento claro que estava diante dos meus olhos cegos, me espremeu o coração.

E aquela frase certeira, precisa, que descobria a minha verdade e a do menino, me tiveram um instante como atordoada.

Assim, com um salto, sentei ao lado da criança: lhe enchi de beijos os olhos torcidos, os cabelos ásperos e as mãos vermelhas como com desesperação...

Sim, eu era muito inteligente, muito perspicaz: dizia muito bem os versos, mas o coração humilde e instintivo de minha prima tinha entendido, e sem falta, muito mais que eu.

A partir de então, minhas ideias sobre a inteligência humana têm mudado muito.

Tao Lao (*La Nación*, 11 de julho de 1920)

A médica

Entre os tipos femininos característicos de nosso ambiente, a médica constitui um dos mais evoluídos.

As médicas são, de fato, quase todas as mulheres que em nosso país lideram o movimento de ideias femininas mais radical e as que abordam as questões mais escabrosas: problema sexual, tráfico de pessoas, etc.

Essa liberalidade de ideias, já não rara no nosso meio e propiciada também por um crescido grupo de outras profissionais, iniciou-se, pois, por um lado, pelo conhecimento da matéria humana, pelo contato diário com sua infinita miséria, que é a porta aberta a todas as aspirações ideais.

Pode-se observar que quanto mais a humanidade se aproxima de penetrar e compreender as fontes da vida, mais cresce, talvez por convicção de sua impotência, o desejo de deixar em obras ideais as marcas de seus passos.

Com frequência a vaidade pessoal, que é a propulsora e a alavanca da ação, não é mais que uma grosseira máscara humana com que se oculta a si mesmo o íntimo desejo de não morrer quando o corpo morre, e de multiplicar a própria personalidade na personalidade alheia, imprimindo nesta suas ideias e tendências.

Assim, a médica, em virtude de seus estudos que lhe abrem portas para ascender a outros superiores, era chamada a abandonar mais rápido que outras todo tipo de falsos conceitos sobre a verdadeira natureza humana, sobre as paixões, debilidades, quedas morais, etc.; sobretudo, esse escuro mundo que tanto tem turvado a vida, pela compreensão sistemática de seu mecanismo interior, que não é mais que a falta observável continuamente na natureza: seja planta que não dá frutos; terra que não produz; ciclone que destrói... etc.

Para apreciar o mundo moral de um sujeito, a sanção social e de costumes, já não basta ao estudioso, como não basta à mais alta virtude da alma: a tolerância.

Logo, para a médica, o problema é outro e muito mais amplo; e disto, de sua elasticidade ideológica, deve ter nascido seu empenho por elevar o mundo moral feminino em nome dos mais humanos princípios.

Porque a grande conquista a que a mulher deve aspirar é, por sobre todas, sua liberdade moral.

Faz tempo que se vem observando uma evolução do pudor feminino. Nunca se havia exigido tanto à mulher como se está exigindo agora.

O pudor de que antes se orgulhavam as mulheres era muito inferior, muito mesquinho, muito ao rés do chão, porque estava desprovido de auto critério e não obedecia à livre escolha.

Era, finalmente, o mísero pudor do escravo, que não rouba porque sabe que se rouba lhe aguarda a roda que mata.

Mas o pudor que lhe vai exigir agora é já de carácter espiritual, livre, eletivo e consciente. É o que impede a mentira, porque a mentira é pobre em essência e indigna de um ser livre: é o pudor que impede o roubo pela clara consciência de que viola o direito de posse; é o pudor, em suma, que sobe do instinto submetido ao pensamento e à consciência, e misturado ao mundo espiritual esclarece todos os fatos da vida, desde o mais inferior até o mais elevado.

Possivelmente nada ofenderá tanto à mulher futura como que se diga desdenhosamente: essas coisas de mulheres.

Porque essa frase insulta a honestidade intelectual da mulher: a caracteriza como coisa branda e sem consistência moral ideológica.

"Coisas de mulheres" são todos esses truques, aparentemente sem importância, permitidos à honestidade espiritual feminina sem que sofra falha esta honestidade.

É verdade que as mulheres chegaram à sua maioridade na vida do mundo, mas essa maioridade traz junto com sua liberdade grandes responsabilidades.

Não encontraram as mulheres seu mundo moral feito por fáceis receitas e deverão fazê-lo mais vasto às custas de grandes sacrifícios.

Tudo isso o encontrarão, e com facilidade, um dia, todas as mulheres, como agora entendem as que estão mais próximas da dor e da natureza humanas.

E é por isso que, em nome do direito da modernidade, um pequeno grupo de mulheres pede já a igualdade moral para ambos sexos.

Tao Lao (*La Nación*, 18 de julio de 1920)

O amor e a mulher

Começo este artigo com o guarda-chuva aberto... Mas lhes peço, oh divinas, que não façam chover sobre mim outra coisa senão flores.

Nesse caso, o guarda-chuva dará voltas e as recolherá; muito obrigada.

Já estou com suas flores sobre as mãos, e, agradavelmente embriagado por seu perfume, posso falar do amor, e de vocês, e de como o concebem.

Por agora, alegrem-se, de ser ainda as sacerdotisas ciumentas do romantismo. (É muito lindo ser sacerdotisa, o tule branco cai divinamente e toca o pé rosado, com delicada graça).

Sua imaginação se interpõe, assim, entre a realidade e o sonho como um elástico de poderosa resistência que apaga e suaviza os choques.

Mais flores? Obrigada de novo. O que é o amor, divinas?

Desçamos do dourado romantismo no qual éramos cínicos; depois de tudo, o salto não é tão brusco. O cínico costuma ser um romântico desesperado; uma espécie de trovador medieval que estava cantando suas estrofes para sua amada pura, ao suave brilho da branca lua, e os cachorros o perseguem.

Este cínico, romântico perseguido, lhes diria: "O amor é a armadilha que o universo coloca aos seres vivos para os enganar e os obrigar a se perpetuar".

Vamos ascender desde um cínico até um filósofo e vamos abrir os ouvidos: "O amor é, como tudo que existe, um aspecto relativo e visível do absoluto invisível; portanto, toda definição seria falsa". (Conscientes, oh!)

Um cético diria... (Não, não se pode repetir o que diria um cético: alguns ingleses o definem de uma maneira terrível.)

Um espiritualista sentenciaria que "o amor é o estado espiritual que tende a procurar a felicidade de outro ser, com esquecimento absoluto de si mesmo".

Mas ali estão e têm estado sempre as mulheres para impedi-lo.

Elas têm dito desde tempos antigos a última palavra em amor: ou seja, que o amor deve se viver e não se comentar; com a vantagem de que, para entender isto, nem sequer usaram palavras, aproveitaram os fatos.

Vão acabar as mulheres com os verdadeiros filósofos, pois, no fim das contas, a suprema filosofia consiste em destruir a filosofia com a vida.

Novas flores? Obrigada, obrigada, muito obrigada! Mas agora vem o triste: más línguas, quero dizer, más canetas, afirmam que resultam, mulheres, os supremos filósofos por casualidade, assim como querem dizer por aí que Hernández, o autor de *Martín Fierro*, terminou gênio por casualidade; isto é sem a intervenção do arbítrio, da própria razão; por simples coincidência de fenômenos e circunstâncias alheias à vontade.

Se diz contra vocês que ficam agarradas à vida, desfazendo com a vida toda Filosofia, defendendo o amor com ferocidade instintiva, adorando-o como razão principal da existência, embelezando-o e ampliando-o com a imaginação, desejando-o ardente e enorme, avassalador e cego, por incapacidade intelectual para a vida de fora no seu justo equilíbrio, e voltem assim à razão fria e ao pensamento austero a prevenir a realidade, que segundo aquelas más canetas, é coisa diferente do que a paixão feminina deseja.

Assim, comparam a condição voluptuosa da mulher a uma espécie de "raça inferior", que vivem somente para amar e satisfazer suas paixões, e até pretender que o alto sentimento da maternidade seja instinto puro.

Com o que resultam nada menos que o lastro da humanidade, a fonte, o poço sentimental e básico em que o homem cai, e se renova depois de se separar da vida, voando pelas altas regiões do pensamento, de onde volta, depois de longas incursões, e segundo testemunhas oculares, com um grande frio e como um pintinho molhado, para buscar na mulher o calor santo da terra, a vida mesma. E não digam agora que não lhes vinguei do raciocínio masculino, pois vocês, apegadas à terra, nunca têm a desgraça de parecer um pintinho molhado.

Pareçam qualquer outra coisa, até um espanador invertido se usarem um grande chapéu e a saia apertada. Mas isso de pintinho molhado é uma silhueta que só cabe ao homem depois de uma excursão pelos altos céus da ideia…

E fecho o guarda-chuvas, pois se ainda permanecerem com raiva de mim, declaro para vocês que não as temo raivosas, senão mansas e suaves.

Uma doce canção inglesa diz: "Eu tenho medo de um beijo"…

Tao Lao (*La Nación*, 22 de agosto de 1920)

A irrepreensível

Tenho uma simpatia singular pela mulher que sai à rua, em tudo irrepreensível: desde o fino matiz da pele, e o doce brilho dos olhos, até o mais pequeno detalhe de sua bolsa, para servir de descanso aos olhos de quem passa.

A verdade é que a vida é muito complexa e varia, e, portanto, cada um tem direito de entender a caridade à sua maneira.

Benfeitoras da humanidade são, sem dúvida, aquelas mulherzinhas que passam meia hora diante do espelho, nada mais que a enrolar seus cílios e arqueá--los em sentido contrário ao globo ocular, corrigindo assim, a obra da mão, sem dúvida, canhota, que lhe diminuiu meio milímetro de elipse a suas órbitas oculares. E claro sem a crueldade da ordem estética, para não procurar aquisição forçada do meio milímetro, ou ainda mais, por fenômeno ótico, com os bem arqueados cílios.

Além disso, como em Buenos Aires não há bosques (se excetuarmos os de Palermo, que estão muito retirados, e os que vemos postais e quadros nas vidreiras, e que não se mexem, por muito vento que sopre), aquelas benfeitoras pensaram, sem dúvida, no caritativo que resulta proporcionar ao olhar do que passa o espetáculo feliz de uma selva densa de grandes cílios, no centro da qual duas lagoas azuis, ou verdes, ou cinzas, completam a ilusão da pródiga natureza.

Para isso, os azeites de noz, amêndoas, e outros muitos, inundaram durante a noite o pé de cada cílio, como as acéquias que, transbordando, inundam o pé de cada árvore e fertilizam o terreno, propício à nova árvore (ou ao novo cílio).

Isto, repetido durante meses, conseguiu o aumento de oito cílios por olho, se o cálculo de uma amiga minha não me engana, além de um considerável crescimento da arvorezinha cílio.

Outras tarefas, todas conhecidas também, em unhas, pele, cabelo, sobrancelhas, lingerie e exteriores, absorvem grande tempo à irrepreensível para sair, como tal, à rua a fazer compras, ou tomar chá, ou simplesmente, estrear o último traje.

Essa maneira de caminhar, que passo discreto e mesurado! Se prestam atenção com o metro verão que não excede trinta centímetros; a cabeça forma, com respeito ao pescoço, um ângulo ligeiramente obtuso de 105 graus (quantidade constante); o olhar vai sonâmbulo; a boca hierática; a selva de olhos, triunfante...

O corte do vestido é irrepreensível; os sapatos, a força de finos, mostram os dedos do pé, fiéis à sua forma; as meias transparentam um rosado nácar; o chapéu se ajusta à cabeça como seu molde; as luvas, gulosas dos dedos, apenas estão separadas daqueles por uma imperceptível capa de ar; toda ela parece, em suma, escapada de um banho de cera.

E se a virem às quatro da tarde, quando sai de sua casa, e a encontrarem às sete, quando volta, observarão que nem um cabelo mexeu-se de seu lugar e que, o umbral que a deixou, resplandecente e correta, a recebe sem rebaixamento algum do tanto por cento estético.

Eis aqui uma estatística que me deu uma amiga calculada, esta, para três ou quatro horas de estada na rua, inclusive visitas a lojas e chá:

Movimentos aproximados que custa manter a irrepreensibilidade de rua

Olhares ao espelho
    (distintas classes, tamanhos e luas) 25
Olhares nos cristais das vidreiras 60
Estiramento de luvas 12

Cuidado de que os alfinetes não escapem de seu lugar	10
Umedecimento dos lábios	30
Afirmação especial do lenço com um puxãozinho	5
Levado das mãos até os grampos que prendem o véu	18
Reposição de pó (muito discreto)	2
Endireitamento das lâminas das meias	2
Furtivo polido de sapatos, esfregando contra a parte posterior da perna	6
Imprevistos, com respeito a carteiras, pescoço, dobras, etc.	50
Total de movimentos.	210

O que nos faz deduzir que, se depois de dois anos desta tática para manter a irrepreensibilidade da rua, este fervor estético alcançasse o prêmio de um esposo, este esposo representaria, se a irrepreensível tivesse saído à rua nada mais que duas vezes por semana, cerca de 45.000 movimentos *ad hoc*, o que significa um desgaste muscular, com sua correspondente acumulação de toxinas capaz de despertar o zelo literário de qualquer moralizador higienista. *N'est pas?*

E logo, que se atreva alguém afirmar que um homem não vale nada...

Tao Lao (*La Nación*, 5 de setembro de 1920)

Existe um problema feminino?

Faz tempo que vem se agitando em todo o mundo algo que poderíamos chamar de problema feminino. Mas não devemos esquecer que, com frequência, as coisas tomam palavras para se diferenciar de outras coisas, e que, tirando o destaque destas palavras, elas acabam não sendo diferentes daquelas em absoluto.

Assim, mulheres e homens, começaram a dizer que existe um problema feminino, mas tirando o adjetivo separador, vemos que não existe um problema feminino; que somente existe um problema humano.

Que existe um problema humano não é, por outro lado, privativo de nossa época: o problema humano tem existido sempre, com crises e calmas aparentes, uma vez que aquelas crises eram preparadas por estas calmas.

Nossos momentos são de profunda crise e inquietas estão as águas que, não podendo envolvê-la totalmente, separaram seus problemas: problema feminino, problema social; sem-número de problemas!

No que diz respeito ao problema feminino não há, detrás dele, na verdade, nada mais que uma crise da família, e esta crise da família contém, em si, todos os problemas.

Observamos que a família se desfaz: os pais perdem sua autoridade antes do tempo, os meninos não obedecem sem motivos pessoais, as mulheres querem fazer sua vida, os homens não sabem mandar, perderam suas forças morais e a família carece de um ideal profundo que envolve suas energias em uma única via.

Poderíamos encontrar infinitos "fatos" aos que atribuir esta desintegração da família, que caracteriza e define nossa época.

Mas, detrás também destes fatos, somente encontraríamos um: o eterno problema humano de indefinida renovação.

A árvore humana amadureceu seus frutos, e estes, podres, se abrem e deixam cair ao solo as sementes.

Dá muita pena ver a velha árvore, que tanto trabalho teve para amadurecer, apodrecendo seus belíssimos frutos, mas estes não podem contra si mesmos: se abrem sem remédio.

O que, quem, poderia deter a crise da família?

Quando o mundo pagão, em meio a seus gases maléficos, viu crescer a doce florzinha cristã, teve consciência de que o perfume desta flor, nascida para conservar ainda parte da humanidade, mataria toda sua beleza criada, toda sua intelectualidade.

Mas a florzinha cristã era um produto dos gases maléficos, e se estes tiveram a força necessária para criá-la, esta levava em si, também, a força necessária para vencê-los.

Como momento humano, essa desintegração da família se parece com a última época pagã e está preparando, não sabemos com certeza, uma nova força, que há de pôr fim a esta falsidade e a sua relativa imoralidade.

Falsidade e imoralidade dissemos e os termos não pesam sobre nós: se a família não se faz com o propósito de sacrificar todos os interesses de seus membros para uma só orientação, a família não existe, senão como fórmula, como resíduo de uma organização social que teve sua razão de ser em outro momento, como molde fácil ao qual se procura adaptar a vida de vários sujeitos: mesmo que a intimidade ideológica daqueles o desprezem, deprima e deforme continuamente.

A profunda hipocrisia social que importa uma família assim constituída, permite sua íntima anarquia.

O problema feminino, que é um dos seus aspectos, desaparecerá ao se solucionar, se se soluciona, a crise da família.

Vamos supor a família definitivamente desintegrada; vamos supor que os filhos já não levem o sobrenome dos pais, e que os homens não se vejam na obrigação moral de atender à subsistência da família.

O homem, neste caso, teria perdido toda a sua autoridade sobre a mulher, porque não sendo o provedor material do lar, lhe faltaria a força executiva na qual, conforme a organização atual da família, se desenha a autoridade de seu direito.

Esta absoluta desintegração, que obrigaria a mulher a procurar inescapavelmente sua própria subsistência, teria solucionado de fato o problema feminino.

Mas enquanto a família não vive no sentido de adotar totalmente os antigos moldes nos quais as mulheres perdiam sua personalidade, para que fosse maior a de seus esposos, ou a família não se quebre de todo e se resolva a organização social sobre uma moral absolutamente oposta à presente, o problema feminino formará parte integrante desta crise da família, que estamos sofrendo.

Se está ou não está em crise a família, podemos deduzir pelo simples fato de que um casal de esposos vote por dois partidos antagônicos.

Como poderia se conciliar a intimidade ideológica da família com esta discordância de sua orientação ideológica?

Se chegou o momento de que as mulheres sejam fortes e resistam à velha organização da família, deve ser, para sê-lo com proveito e originalidade, totalmente: vivendo conforme seus próprios impulsos, fundindo-se de cheio na aspereza pela luta da vida, arriscando tudo para obtê-lo totalmente.

Não queremos dizer com isso que estejamos contra as atuais liberdades da mulher. Nós sempre as encorajamos, acreditando que, ao conceder-lhes, se procedia com inteligência e penetração do minuto presente em mudança.

Mas, nos pareceu isto uma inteligência inútil.

Vamos explicar: pensaríamos que nossa civilização está como um organismo gravemente doente, para quem estão aplicando diferentes injeções. Sem injeções se morre; com injeções se morre do mesmo modo, mas se acredita que se vive.

O problema feminino, solucionado de maneira medíocre atual, permitindo uma ou outra liberdade para a mulher de ordem moral, civil ou política, viria a ser uma das tantas injeções encorajadoras.

Jamais negaríamos esta injeção por uma interpretação muito humana da vida, mas teríamos a clara consciência de que não se trata de um caso curável por esta injeção, senão de um problema mortal do corpo cansado que quer se desintegrar totalmente para tomar logo novas forças.

Tao Lao (*La Nación*, 26 de setembro de 1920)

A namorada

Andando pelas ruas de Buenos Aires é frequente ver, na frente das igrejas de moda, uma quantidade de curiosos e curiosas agrupados pacientemente na espera do par com o qual irá se casar religiosamente, como revela o toldo listrado colocado na frente da porta principal, e que algum espírito travesso e mal intencionado encontraria parecido ao que fez nossas delícias ao ritmo das animadas e barulhentas músicas.

As pessoas querem ver a mulherzinha vestida de branco, e formou-se uma guarda de honra, de cada lado do tapete, que a está aguardando à sombra do toldo.

Esta guarda de honra, como a que se agrupa nas calçadas adjacentes e improvisada, na aparência, pela curiosidade de rua, não é toda improvisada.

Houve unidades que leram o anúncio da boda e tentaram focar na hora marcada.

Essas unidades são de distinta força social: seja a modista a quem lhe interessa ver de perto os últimos modelos que brilham as damas do cortejo, seja a parente distante e anônima que não foi convidada, seja o galante de um flerte de ocasião, seja o curioso ou a curiosa sem malícia, conhecido distante que vem bisbilhotar.

A igreja, enquanto aqueles de fora aguardam amontoados, transborda de gente convidada; um fino perfume deixa um pouco tonta a santa madeira das imagens, os Cristos sangram languidamente sua dor de crucificados, e os halos metálicos refletem as sombras das cabeças mundanas.

Deus pai e Deus filho movam muito discretamente os olhos sobre as pessoas perfumadas, mas esta, que não entrou no êxtase necessário para advertir o dissimulado movimento dos divinos olhos, continua indiferente e em voz baixa as fofocas comuns de namoro.

As mulheres de vez em quando, já com a voz um pouco mais alta, falando da beleza da amiga, e os mais íntimos dão detalhes, com cifras, do enxoval, enquanto os homens se distraem em conversas de ordem geral.

Com frequência, acima do murmúrio geral, sobressai uma expressão de refinado bom gosto: "isso é fofo", dizem com tom alto, que esta frase revela um elogio em superlativo.

Entretanto, o órgão, talvez perdido entre as nuvens do céu artificial, se torna inteligente, e afoga a conversa mundana com seu chamado divino.

Se abre o céu sobre os mortais inerte e profundas notas litúrgicas, e ao ritmo delas os anjos brancos, envoltos em tules de ouro, voam — e não dançam — a dança da pureza entre os esplêndidos e bárbaros brancos perfumados.

O corredor central da igreja, alinhado com colunas brancas, enlaçadas, por sua vez, com canastros de flores de pano nevadas, já suaviza como pressentindo o expresso passo da noiva.

Mas a noiva demora.

Aumentam os curiosos da rua e se inquietam, no templo, os convidados.

As mulheres voltam impacientemente a cabeça para a porta de entrada.

Longa meia hora de espera esgotou os últimos comentários e um silêncio de fatiga sucede a mistura com as cansadas notas do órgão.

De repente, a música pára.

Soa um sino...

A noiva vai entrar.

As pessoas que estavam sentadas se amontoam, de pé, nas bordas do corredor central.

Outro toque do sino e a misteriosa cortina que mantinha coberta a entrada se descobre teatralmente.

A noiva aparece ali do braço do padrinho, e a marcha nupcial rompe vigorosa exaltando os divinos e os humanos.

Ao ritmo dela a noiva avança pausadamente a caminho do altar: um imperceptível tremor agita os lábios; está pálida e olha fixo sem ver. O vestido branco a envolve como um sonho, e desde a cabeça lhe cai sobre os ombros, o delicado tule dissipa seus contornos, como se este tule fosse sua própria alma, saída do corpo como um halo mítico.

A grande fila, atrás dela, prolonga majestosamente sua fina silhueta e alonga frente aos olhos femininos aquela ilusória encarnação do puro amor.

Duzentos, quatrocentos olhos se movem com ela em um não dissimulado desejo de estar dentro de seu vestido a caminho do altar, seguida do elegante cortejo.

Logo depois da cerimônia, quando seu braço se apoia sobre o escolhido, o halo místico e a fila passam de novo frente aos olhares femininos, para se perder, pela mesma porta, já em direção ao misterioso caminho do amor que a imaginação das jovenzinhas, exaltada pelo vestido branco, borda das mais maravilhosas e deslumbrantes pedras.

A noiva passou.

Somente fica ela, uma visão ultraterrestre, inesquecível. Para isso maquinaram a abóbada do templo, o perfume das profanas, a arte da modista, a potência lírica de uma música e os doces enganos da imaginação.

Muitas das que presenciaram a passagem da noiva se casariam amanhã, mesmo que apenas fosse para atravessar, vestidas de branco, um sagrado templo, e viver assim vários minutos de romantismo admirável e divino. Mas algum cineasta habilidoso, com bom humor, poderia achar um argumento representado por este título: "O vestido branco: propaganda matrimonial".

Tao Lao (*La Nación*, 3 de outubro de 1920)

As leitoras

Falando há poucos dias com um livreiro muito inteligente, ele nos indicou que, pelo geral, em Buenos Aires a mulher seleciona moralmente suas leituras, muito mais que o homem.

Por agora, os autores que, embora duvidosos, poderiam ser solicitados pelas senhoras e senhoritas sem diminuição para sua dignidade, não têm grande número de compradoras.

Despertada nossa curiosidade, passamos por algumas livrarias indagando a respeito e eis aqui o resultado de nossa informação que, se não é absolutamente exata, porque por enquanto não compreende uma pesquisa extensa em todas as livrarias da Capital, pode servir para dar uma ideia geral sobre as leituras que prefere a mulher de Buenos Aires que, dia a dia, vai refinando e elevando seu gosto.

É preciso descontar, está claro, deste registro, uma quantidade enorme de mulheres que, como os homens, leem por ler o primeiro que cai na mão, sem nenhum manual, e que mais que leitores, são folheadores de revistas, folhetins e melodramas.

Das mulheres que poderíamos considerar leitoras, com assiduidade e inteligência, as meninas que não passam de vinte e dois anos e que entram nas livrarias geralmente acompanhadas de suas mães, esgotam a literatura oficial: Ardel, Alanic, Chantepleure, Jean de la Bréte, Hugo Conway, Carlota Braemé, Henry Greville, etc.

A poesia tem escassas compradoras neste grupo, preferindo sem exceção os poetas líricos.

As mães dessas meninas são absolutamente adversas às indicações do livreiro e não aceitam novas editoras. As que entram sozinhas frequentemente escolhem os livros pela ilustração da capa e o título.

As jovens que passam dos vinte e dois anos têm critérios próprios e são, desde já, muito mais vastos. Entre os franceses preferem Paul Bourget, Pierre Loti, Colette Iver, H. Balzac, Marcelle Tinayre, Rolland, Prevost.

Entre os espanhóis, há Martínez Sierra (maior preferência), Blasco Ibánez, Pío Baroja, Ricardo León, Jacinto Benavente, Palacio Valdéz, Juan Ramón Jiménez; os italianos, se descartamos alguns, como

D'Annunzio y Fariña, muito difundidos, são pouco solicitados, possivelmente por serem desconhecidos para o grande público.

Anatole France e Oscar Wilde têm leitoras muito escassas, as que compram estes autores são geralmente assíduas clientes de clássicos e de toda novidade literária.

Há livros cujas edições são em grande parte esgotadas pelas mulheres: *As desencantadas*, de Pierre Loti, cuja edição em francês chega a aproximadamente trezentos mil exemplares, é um livro continuamente assediado pela leitora bonaerense.

A Biblioteca de *La Nación* é muito solicitada pelo elemento feminino que ainda não foi lido com paixão pelos leitores russos mais geniais e mais difundidos nestes últimos anos.

Em geral têm grande preferência também pela literatura mística, oriental e hindu, sendo muito escasso o grupo comprador de filósofos e sociólogos.

Entre as formas da literatura preferida ocupa o primeiro posto o romance, depois o conto, em seguida o verso e por último o teatro.

Os poetas simbólicos e místicos são muito lidos. Entre os americanos, Nervo é o mais solicitado, depois Darío.

Uma grande quantidade de mulheres tem muita preferência pela literatura feminina: romance e poesia.

Pode se deduzir, desse rápido registro, que a leitura preferida pela mulher está de acordo com a sua íntima natureza.

Ela quer sentir sem pensar muito: literatura mística, sentimental, psicológica, romântica, passional, eis suas preferências, exigindo em geral que a leitura fale à sua imaginação, a seus sonhos, a seus problemas psicológicos, mais do que a pura razão.

A grande maioria dos homens também não escapa desta norma, mas o que se deve sinalizar como característico da leitora é que se mantém de certo modo: nem ascende a uma grande literatura nem descende à péssima, e lê evidentemente para se deleitar, se entreter e não para saber, evitando sistematicamente a leitura científica, inclusive aquela que se combina com a imaginação para produzir a obra de alto voo fantástico, como também os autores sutilmente irônicos, satíricos e festivos.

Entre os nossos escritores mais difundidos são lidos com preferência por mulheres Manual Gálvez e Martínez Zuviría; sobretudo este último.

Tao Lao (*La Nación*, 17 de outubro de 1920)

A complexidade feminina

A complexidade feminina parece obedecer a três fatores principais: um deles orgânico, o outro motivado pela educação, e o terceiro econômico.

A primeira causa ou fato, isto é, o orgânico, radicaria em seu sistema nervoso extremamente impressionável, e sujeito, por isto, a influências contraditórias, a variações repentinas, com saltos violentos, a pacotes inesperados.

O outro fator consistiria nos véus infinitos com que a educação cobriu a alma feminina, agravando assim esta condição orgânica da impressionabilidade e contradição.

A mulher civilizada, está claro, por civilizada, não se abandona à verdade de sua natureza.

Seus princípios morais, seus princípios religiosos, sua proteção social, pesam continuamente sobre sua verdade íntima, e quanto esta quer ascender, já se vê afundando pelas travas da civilização.

Isso, que atinge também o homem em sua vida de relação para com os demais seres humanos, não o trava quando se refere ao amor.

O homem ama com liberdade e, solto, neste sentido, seu instituto, sua complexidade é menor que na mulher. Enquanto o homem, a partir de despertar de seus instintos, o realiza sem complexidades morais de importância, a mulher vai domando-os, desviando-os, e com grande frequência nem sequer se dá conta deles, tomando suas manifestações por sinais de evidente romantismo.

Esse mundo moral no qual a mulher se protege, para salvá-la da moral coletiva, da estabilidade da família, e, por consequência, do Estado, é uma das causas mais visíveis de sua complexidade.

Assim podemos observar na vida diária que quando a mulher deseja realizar algo que seu mundo moral, falso ou verdadeiro, lhe proíbe, se vale habilmente de recursos e esquemas que deixem a salvo este mundo moral.

Se uma jovem se apaixona por um homem, não lhe dirá jamais, ela não tomará a iniciativa neste tema, porque sua moral a impede.

Vai se insinuar, em vez disso, das maneiras mais engenhosas porque esta insinuação está permitida, validada, permitida pela sua moral.

E esta tarefa, muito grata à mulher, da insinuação, é muito mais complicada do que a confissão pura e simples de um sentimento.

A mulher, neste caso, recorre à sua beleza, à vaidade, inicia um jogo de se é ou não é, conservando sempre uma porta de fuga em um possível fracasso de seus esquemas, que colocaria com certo perigo sua moral.

Quanto ao terceiro fator, o econômico, é de suma importância.

A mulher livre, economicamente, adquire muito da maneira de ser masculina. Sua independência fundamental a faz prescindir do homem, e suas ideias, frente àquele, são mais livres, mais claras.

Mais dona de sua verdade interior, pelo menos que está mais perto da liberdade, seus propósitos não girarão exclusivamente ao redor da conquista masculina. Mas na mulher sem mais dotes que ela mesma, sua condição de submissa, economicamente, também aumentará sua complexidade.

Porque tudo submisso é mais complexo que o dominador. Os servidores, pertençam a qualquer sexo, costumam ter idiossincrasia feminina.

O submetido, está claro, afia sua imaginação, chega a criar uma enorme imaginação; necessita desta imaginação para estar em equilíbrio com a força do dominador.

À autoridade deste se opõe o ardil daquele.

A complexidade feminina foi criada por um lado, pois, pelo mesmo homem e não pode ser considerada imoral já que é a maior defesa da mulher.

Remover-lhe esta sua complexidade significa abandoná-la sem seus legítimos recursos, dada a constituição ideológica e moral de nossos momentos.

Que se possa discutir este modo de entender a posição ideológica feminina frente à masculina, que se sinta o desejo de renová-la, de transformá-la, não importa desconhecer que a mulher, em sua luta pela vida, empregou - e legitimamente - suas armas de defesa.

Uma mulher simples, ou seja, absolutamente ingênua, altamente pura em sua verdade, seria hoje, mais do que nunca, uma mulher fracassada.

Na luta do homem contra a mulher e da mulher contra o homem, a grande arma atual da mulher é sua dissimulação, e enquanto a mulher não tiver em sua mão a verdadeira força, a de impor normas na consciência moral humana, só se salvará com sua complexidade bem gerenciada.

Tao Lao (*La Nación*, 14 de novembro de 1920)

Anotações de primavera

O TERRAÇO

Sob a tela verde e o movimento das árvores de primavera, o pequeno e elegante cantinho feminino, que é o terraço bonaerense, florescem moças nestes doces entardeceres de novembro.

É verdade que, durante o outono, também apareceram por ele as silhuetas suaves para ver cair, amarelas e tristes, as últimas folhas do ano, mas faltava no terraço o etéreo terno de organza, o braço branco desnudo e a lenta, sedosa, garganta descoberta, das primaveras.

Cabecinhas loiras — ninhos de sol mexidos, sob cuja lã fazem sestas felizes os pássaros azuis — emergem gloriosas sobre o tronco de tons leves, esfumaçados, distantes; estas contrastam com as escuras cabeças de belo cabelo, que sinaliza ordenadamente a aristocrática linha da nuca e se reúne timidamente em sua base, muito perto do veludo, que corre languidamente sobre as vértebras procurando o nascimento das costas.

São três, quatro, cinco moças.

Sussurram, sorriem, comentam, perturbam.

Primeiro, só a luz amortecida do crepúsculo ilumina o terraço florido e as claras silhuetas se recolhem sobre o fundo escuro do interior; mas logo, a luz vigiada de uma lâmpada que se acende ali, e as cabeças se vêm, desde a rua, envoltas em doces tons vermelhos, azuis ou violetas.

Pela abertura do terraço, um motivo musical sai para se perder entre a copa das árvores, ou se escorre talvez para o centro da rua, em busca da primeira estrela.

É então quando passos conhecidos ressoam sob o terraço, e lá, muito longe, detrás do terraço, o sol percebe, sobre o mesmo terraço que minutos antes abandona, as batidas eternas do amor juvenil.

As estátuas

As mulheres brancas de mármores dos parques estão olhando nestes dias, com seus olhos fixos, verdejar a grama, florescer as plantas, voar as aves, passar, como flechas de ouro, os insetos.

Curiosas, mansas, dúcteis, ondulantes, elas quiseram como você, oh branca menina de dezoito anos!, que passa pelo seu lado, sentir dentro do peito a batida de um coração e o alçar os olhos ao céu para saber de que cor é.

Tudo se despertou ao redor delas: o formigueiro que faz cócegas em sua base, a árvore que cresce em suas costas, a seiva que ondula pela hera que as enrosca, os animais e os homens que passam pelo seu lado.

Sabem porque, abaixo e acima delas, na terra e no céu, a natureza "soa" de outro modo, o ar, morno já, lhes golpeia e desperta as cansadas loterias do abdômen.

Mas apesar do que desejam e sentem, os braços lhes caem languidamente ao longo do corpo, e as pernas ficam mortas em sua posição eterna, enquanto os olhos olham o mesmo ponto do gramado e a mesma flor sobre seu tronco.

As brancas mulheres de mármores, oh doce menina, dotada de vida e liberdade, não desfrutarão nunca, como você, a alegria de correr, elástico o corpo, sobre o tapete de primavera suave e espesso do musgo.

Por isso, se se aproxima muito ao ouvido de uma das mortas bocas de pedra, ouvirás que lhe dizem:

— Menina que se desperta à vida: cuida sua divina primavera, a que eu não terei nunca, a que muitas já perderam.

A natureza tem muitas; ela é sempre uma primavera, porque sempre acredita, espera e ama. Mas você, mortal, tem uma só.

À vida chega com uma quantidade dada de bondade, de ilusão, de piedade e de amor; se a esgota, deprecia ou mal gasta, secará seu coração, se apegará à alma.

Mais fino que a pedra será seu espírito, mais imóvel que eu ficará sua vida, mais horrível que a minha será a sua sorte se não cuida de que sua primavera interior não morra.

E a primavera interior, oh doce pequena, não é mais que amor.

Faz por guardar em seu interior um pouco de simpatia por tudo que vive; cobre com amor, a ferida escura do mal e soma teu amor ao amor bom.

Seja você, mulher, frágil, sentimental, ingênua e sofredora, a que atesora mais amor, mais primavera.

Não o faça pelos homens.

Faça-o pela beleza.

Nutra em seu amor, em sua primavera interior, a seu companheiro, o homem e voe por sobre a vida, a ilusão alerta e canto logo.

Tao Lao (*La Nación*, 28 de novembro de 1920).

Meninas

A MENINA DAS POMBAS

A menina das pombas tem dezessete anos; em uma sexta-feira, às onze da manhã, e ela, acompanhada de algumas pessoas de sua família, vai ao Rosedal.

Usa, ordenadamente, um vestido de seda branca rica e lavável, coberto de camurça imaculada, meias muito finas de seda, chapéu de organza imaterial, também branco.

Muito perto do lugar onde as plantas florescem, agrupadas e felizes, olhando a branca galeria de finas colunas, a provisão municipal colocou uma jaula de macacos, para quem as inglesas levam frutas, legumes, chocolates, que os pequenos quadrúpedes pegam com os dedos magros e ossudos entre gritos de alegria.

Muito perto das jaulas dos macacos, que às vezes andam soltos e se penduram pelos galhos das árvores, a sempre bendita provisão municipal deixou que vaguem lontras domesticadas, emas galantes, garças elegantes e pombas muito doces.

As pombas, em grande quantidade, são tão mansas que as boas mães levam enrolados em lindos pacotes milho branco, alpiste dourado e diversos grãos para que suas pequenas criaturas despejem seu conteúdo nas rosadas e inocente mãos e venham, as pombas, as inofensivas pombas, comer ali, na pequena palma, sob o sorriso do menino, que contempla entre deslumbrado e tímido tanto ser alado ao seu redor, roubando-lhe, picando-lhe suavemente um fino dedo, confundido por momentos com a delicada corda de um milho rosado, por uma atrevida pomba.

Ainda tem mais, a provisão municipal não confiou na gentileza dos alados seres, senão que, prevenindo a susceptibilidade das meninas que vestem brancos vestidos de seda, colocou uma placa que diz:

"Estes animais são domesticados e inofensivos. Por favor, não os perturbe."

Mas a menina em questão não sabe ler, não entende bem o que lê, e como usa um chapéu branco impalpável, adquire direito à originalidade.

Com passo rítmico foi se aproximando do lugar onde estão as pombas e, antes delas, vê um terno reluzente de um jovem soldado gracioso, que muito perto da jaula dos macacos deixa seu olhar vagar como se esperasse o aparecimento de um terno branco.

A menina, a bonita menina, continua avançando e vem tão distraída que atropela as pombas que estão no chão recolhendo grãos perdidos.

As pombas, então, voam ofendidas. E a menina dá um grito, dá um salto para trás e olha sem querer, está claro, dois pontos pretos que brilham debaixo da testa e um pouco para cima do nariz do elegante soldadinho.

As pessoas que a acompanham se aproximam assustadas e uma senhora de preto, de respeitável porte e finas maneiras lhe explica:

— Mas as pombas não fazem nada. Do que vocês têm medo? Não vê que as crianças as alimentam com as mãos?

Um jovem acompanhante também a olha zombeteiramente e com tom um pouco mais áspero que o da respeitável senhora a interroga:

— É verdade? Tem medo?

A menina, então, a sutil menina levanta os braços, os agita em um meticuloso movimento e com a voz mais forte que possui responde:

— Não; medo não. As pombas me dão nojo.

E ao dizer isso sua boca se retrai e sabe, sabe bem, que o brilhante soldado a admira, por isso, nada mais que por isso, por sua deliciosa originalidade.

A menina da sombrinha

A menina da sombrinha antes de sair de sua casa observou que voltará a chover, mas precisa sair a todo custo.

O tempo pouco importa quando se possui uma sombrinha de fina seda e fina haste, que termina em um delicado folheado de madrepérola, ouro ou prata finamente esculpida. Com ela pode sair.

Retira a sombrinha do lugar onde repousa, esperando que o bom céu pense em chover, nada mais; talvez, que para que a sombrinha dê um fresco e primaveril banho, e está claro, o enrola de tal modo que pareça uma sutil, quase incorpórea bengala preta.

A seda, de primeira qualidade, se presta a esta manobra e adere de tal forma à haste formal, que a menina satisfeita e feliz agradece sua docilidade acariciando-a sob seus dedos polidos.

Já estão, ela e sua sombrinha, na rua, e nada se vê mais elegante que essa sedosa bengala pendurada, através de uma estreita faixa de couro cinza, da mão enluvada.

A menina e sua sombrinha vão para o subsolo, entram em um carro e sentam.

Enquanto isso, o povo que, dos subúrbios, vem ao centro, no amplo carro, traz os sapatos manchados de barro, e sua sombrinha, geralmente feita de algodão grosso, descansa sobre o chão, chorando pelo seu extremo inferior um longo fio de água da chuva.

A menina então segura sua seca, nova e respeitável sombrinha e traça com ela românticas iniciais sobre o chão; em seguida percorre com o olhar o vasto vagão que se desliza por debaixo da terra e compara a estrutura grosseira daqueles dispositivos pretos com a sua maior elegância.

Se o vizinho ou a vizinha se levantam para descer do vagão, ela a retira lentamente do ponto que pode estorvar a passagem, arrastando-a sobre o piso com certo desprezo leve, balançando-a à direita e à esquerda como com relutância.

Chegou o momento de descer.

Ao subir as escadas do metrô percebe que garoa e a abre rapidamente, distinta, como convém a uma sombrinha de luxo.

O elegante acessório, como uma taça negra colocada em sua cabeça, se pendura lá galantemente e lhe resguarda apenas o chapéu. Seus ombros, a caixa do corpo, recebem placidamente a garoa e vai se perder entre o povo, molhada e feliz, sob a sombrinha que se balança suavemente.

Tao Lao (*La Nación*, 12 de dezembro de 1920).

Confidências populares

Se você, gentil leitora, é curiosa terá se detido, como eu, a ler nas revistas populares da Capital a habitual sessão de confidências amorosas delas para eles, e deles para elas.

Incipiente literatura, verdade? Alívio de corações humildes, manifestação do sentimento popular, pequeno refúgio de vaidades, de frases feitas, de românticos pseudônimos, esperanças truncadas e sonhos incompreendidos.

Se você, como perfeita mulher, é curiosa, mas como uma mulher estranha, é constante, e leu algumas vezes seguidas a seção mencionada, terá concordado comigo em que as confidências de amor, públicas, são o mais entediante, monótono e vulgar que possa existir.

Além disso, terá percebido que o problema sentimental é de uma simplicidade espantosa: "Um homem que eu goste", elas dizem. "Uma mulher que eu goste", eles dizem.

As frases empregadas são sempre as mesmas; têm, no entanto, grande variedade e abundância de olhos, cabelos, bocas, estaturas, etc, porque é avisado por estas confidências, o amor popular é primitivo: entra pelos olhos, pelo que se vê.

A propósito disto, é bom lembrar que em uma pesquisa feminina realizada na América do Norte sobre as qualidade masculinas mais propícias para iluminar o coração da mulher, em primeiro lugar está a largura das costas.

A julgar, agora, pelas confidências das argentinas, as costas não interessam muito: em primeiro lugar, quase sempre, citam os olhos, e se pede, ademais, muita pobreza, ligadas ao par de olhos do amado: sinais estes de que as argentinas ou são em verdade românticas e generosas, ou sabem muito bem a espessura das ombreiras que a moda masculina impõe.

Não falta, também, nestas confidências o fator moral, pelo que se confirma que são confidências públicas: eles pedem anjos; elas pedem caracteres inteiros, e pedem isto porque são aquilo: o confessam sem corar; expõem sua perfeição e exigem que o ser amado a corresponda.

Além disso, pedem muito amor, uma grande quantidade de amor, transbordando, eterno, arrebatador.

A literatura, por mais incipiente que seja, exige tudo isso, que por outro lado e muito frequentemente, é solicitado de um modo impessoal, substituindo a pessoa pelo tipo.

Elas dizem: "O moreno de terno marrom". Eles por sua vez: "A loira magra de tal rua". Não corre, assim, sangue por entre as linhas das confidências.

Tudo é fácil ali, leve, substituível, realizável, inocente de toda inocência; até na picardia do plágio, da imitação, e a tentativa de originalidade.

Geralmente, elas assinam com nomes de flores, de rainhas, de heroínas românticas, ou apelidos engraçados, delicados, gentis: não perdem seu costume de embelezar.

Eles, mais sólidos, não costumam desperdiçar, para assinar suas confidências, o nome de seu cavalo favorito; mas, depois de observar alguns destes casos interessantes, leitora amiga, não é verdade que as confidências populares são apenas interessantes para comprovar que não interessam? E não interessam porque carecem de originalidade, de personalidade.

Nem todo original é profundo, mas se todo o profundo é original, responderão com as ideias que flutuam no ambiente sem acrescentar uma só consideração pessoal.

Ainda mais, disfarçarão e esconderão temerosamente sua expressão pessoal para substituí-la com a expressão alheia que o ambiente lhe dá pronto, e nem pela substância e nem pela forma descobriremos um indivíduo dono de seus desejos.

Assim, nas confidências íntimas, populares, das pessoas, substituídas pelas fórmulas, não acrescentam uma só ideia, um só sentimento, um só desejo que se sobreponha ao sentimento da mediocridade.

Tao Lao (*La Nación*, 20 de março de 1921).

A mulher como romancista

Nestes últimos tempos chamou-me a atenção, em todos os sentidos do mundo civilizado, a multiplicação extraordinária da mulher romancista.

Seria ilógico supor que a inteligência feminina tenha se despertado agora, mas: para escrever com alguma propriedade, à mulher lhe faz falta, pelo menos em parte, as tarefas do lar e se inclinar para observar a vida. Isto é o que fez nos últimos anos, nos quais foi chamada para as mais duras tarefas e as mais profundas reflexões.

Ignoramos, por outro lado, se a literatura acrescentará com isto algum novo valor à sua abundante colheita: se a sensibilidade feminina é rica, a sensibilidade pura não basta para a obra de arte, que supõe, além disso, uma celebração robusta, uma observação cuidadosa e profunda, uma capacidade de converter o fato mesmo em uma consequência, e relacionar, em resumo, as verdade relativas com as verdades absolutas.

Todo grande artista é, no fundo, filósofo, e a primeira condição, além da excepcional inteligência que esta atitude supõe — para observar a vida com olhos abertos e penetradores, consiste em analisá-las com desapego absoluto da moral pessoal.

Um espírito dominado pelas ideias morais comuns, e convencido de que a vida se resolve com fórmulas dadas e princípios imutáveis, carecerá de clareza e grandeza para penetrar, entender, decifrar as paixões humanas, fontes de toda grande literatura.

Se a mulher, supondo, educada em ambiente familiar, limitado, honesto, na palavra, quisesse escrever um romance, seus personagens não poderiam oferecer outro matiz e outro tratamento que o de sua vida limitada: não poderia, logicamente, tratar de fenômenos psicológicos que desconhece, e resolveria todos os problemas apresentados em seu romance com as normas vulgares e comuns pelas que rege sua vida.

Contudo: este critério pode produzir obras sadias, gentis, delicadas, espirituais, poéticas, morais, bem escritas, etc., mas carecem sempre da grande característica que se avisa, justamente, pelo atrevimento com que a alma, realmente profunda, se aprofunda na vida para trazer à luz suas verdade mais tremendas e mais duras.

Se algo inesgotável se oferece ao estudo do homem, é, justamente, a luta deste com seu instinto.

Quem pode supor, por preconceito moral, que esta luta não deve ser revelada, comentada, realizada, sintetizada, feita arte, em uma palavra, não poderá ser jamais um romancista de peso.

É por isso que, geralmente, a mulher romancista produz obras incolores, falsas, de um romantismo raso e pobre. E é que, uma compreensão profunda, supõe, também, uma vida profunda.

O que se lê, o que se observa não basta: nada se entende tanto como o que passa por meio do próprio sentimento; mas soltar o sentimento, entregá-lo a todos os impulsos, subir e descer com a vida, avançar e recuar com ela, ascender até o sublime e cair até a infâmia, é romper com as formas morais que embelezam a mulher.

Se diz que uma vida extraordinária, é, quase sempre, complemento do gênio.

Como poderia a mulher, delicada por natureza, limitada pelo ambiente e por sua própria sensibilidade, viver esta vida extraordinária que a faria compreender, aprofundar, mergulhar, por dizê-lo assim, nos mais interessantes e profundos tumultos e na agitação da alma humana?

Se tem fortuna, e para conseguir isso rompe com tudo, talvez lhe fosse possível consegui-lo; se carece dela e deve viver do que ganha, a vida econômica será difícil e sombria.

Então, uma vida extraordinária destrói na mulher o que a faz mais apreciada: sua feminilidade.

Que enorme força, em benefício de sua paixão, necessitará a mulher escritora para destruir nela sua feminilidade, que é, justamente, seu inestimável encanto para o amor!

É por isso talvez: é quiçá também porque a resistência e a coordenação cerebral da mulher – não, por acaso, sua compreensão – são menores do que as do homem, que até agora, o gênio feminino não tem aparecido.

Não quero dizer por isto que não há mulheres romancistas com características geniais; existem.

Quero dizer que não surgiu, ainda, a mulher que possa se pôr ao lado das grandes realizações literárias masculinas. Virá amanhã?

É arriscada a resposta: assistimos a um despertar nervoso da curiosidade e da observação feminina.

Talvez o grande romance feminino se consiga escrever, mas será sempre em detrimento da pessoa, da mulher, que vive na escritora.

Isso, enquanto nossa civilização resiste.

Tao Lao (*La Nación*, 27 de março de 1921).

Os presentes de casamento

É uma velha prática a dos presentes de casamento...
As pessoas são perversas e sempre se alegram pelos
danos aos demais: por isso, na ocasião tão desejada,
envia obséquios, felicitações, parabéns etc...

Não se incomodem, pessoas que vão se casar,
com minhas palavras: são de inveja, com certeza, e
de maldade. Mas, vamos lá: você se casou? O que lhe
deram de presente suas amigas, a você, esposa recém
casada de um empregado de trezentos pesos de salário?

Com certeza uma parte das atrativas carteiras
para você e para seu esposo; meia dúzia de cofres,
pelo menos, para que guarde suas joias; argolas de
guardanapos, muito prateadas, em abundância; jogos
de escovas, com seu dorso parecido com folha de latão
em relevo, três ou quatro vasos... oh! vasos, tantos
pares como para aguardar, sem que terminem de se

quebrar, a data do divórcio; caixas de pó, de queijo, de doces, fruteiras, centros de mesa, xícaras, colherzinhas, fofuras sem fim... Mas em que estojos lindos, não?

E esse ferro de passar roupas que vai lhe fazer tanta falta, por que não te deram de presente sua amiguinha pobre, que te presenteia com um caixinha dourada, para que guarde joias que você não tem?

Oh! Sabe por quê? Porque todos conhecem o preço de um ferro de passar roupas, e não tem caixinha, nem vista, nem bate.

Assim, não é costume presentear com um ferro de passar roupas. E quem começa, entre nós, o que não se costuma fazer?

A propósito disso, lembro um caso muito curioso ocorrido em um povoado da província, em circunstâncias de uma intervenção nacional.

A sociedade do tal povoado se encontrava dividida desde muito tempo em três rigorosas categorias: primeira, segunda e terceira.

Cada família do distinto povoado tinha especificada sua condição e assistia somente as reuniões que convocava seu grupo.

Não era difícil encontrar, em uma mesma família, membros pertencentes às três rigorosas categorias: os fundadores deste lugar, modestos hoteleiros, pertenciam a terceira; sua filha, casada com um honrado comerciante atacadista, tinha ascendido à segunda categoria, e o filho, formado médico na capital, se localizava, crédulo e feliz, na primeira…

Aconteceu, pois, que um interessante militar, ignorando divisões tão perfeitas, pediu a lista de famílias decentes da localidade e os convidou, sem nenhuma distinção, para um baile no governo local.

Que agitação! Que sussurros!... Quando chegou a hora do baile, as da primeira categoria enviaram suas empregadas domésticas para espiar se outras entraram primeiro; as da segunda apostaram também seus informantes com o mesmo objetivo; as da terceira, em capas e abrigos, foram pessoalmente fazer a curiosa função, e como nenhuma família quis entrar antes que outra, os homens, cansados de esperá-las, dançaram entre eles e devoraram alegremente tudo que havia no bufê.

Mas voltando ao nosso assunto: os presentes de casamento. Falava há um momento da perversidade humana, e não me desminto, porque, se um grupo de amigos ou conhecidos a condena a possuir na casa dez pares de vistosas carteiras, sem que você possa enchê-las com doces notas amarelas, você não crê que o fazem para se alegrar de seu duplo dano? "De qual duplo dano?" — perguntará você. Do duplo dano de ter se casado e ver-se obrigada a guardar tanta carteira vazia…

Mas ao fazer esta crítica tinha me esquecido de duas coisas graves: a etiqueta e a urbanidade. Eu, que por razões muito especiais que me reservo e permaneço diante dos demais com o chapéu posto, tinha me esquecido também que o presente de um ferro de passar roupas, por via das dúvidas, é de caráter íntimo e não está permitido para a amiga algo solene.

Para esta, o campo da folha de lata e a caixa… e a urbanidade fica salva.

E agora, falando um pouco seriamente, para que se presenteia as pessoas que se casam? É, por acaso, somente para festejá-las?

Não: e o verdadeiro objetivo do presente de casamento é contribuir para aliviar, por meio do amigo presente, o orçamento, geralmente pesado, que precisa montar uma casa. É por isso que, em algumas partes, é prática estabelecida que a futura esposa indique para seus amigos os objetos que lhe faz mais falta; as amigas se organizam então, por grupos, para que o presente preencha seus fins de utilidade e de estética.

Entre nós, o costume de expor os presentes obriga quase ao estojo, ao trunfo do metal e ao presente de aparência.

Cada pessoa que presenteia é posto, graças à exposição e ao cartãozinho revelador, para o controlador crítico dos demais presenteadores, e aparece a pequena vaidade.

Assim, no momento em que a senhora vai comprar o presente para a amiga ou a conhecida, geralmente prevalece um ponto de vista: que aparente caro. É claro que estas observações não tem aplicação na classe rica, mas sim, e muito, na média, pois uma festa comemorativa, um casamento, um enterro, são geralmente ocasiões propícias à exibição da vaidade particular: não parecer apertados de dinheiro; não confessar sua verdadeira condição econômica.

E é por isso que, na salinha onde se expõem os presentes que se negavam a pessoas empregadas, 75% deles representa dinheiro mal gasto: pela inutilidade prática do objeto, por seu reduzido valor intrínseco e por seu mau gosto frequente.

E para os que não estejam de acordo com o que aqui se diz, ficam 25% restante.

Podem se refugiar ali: o cantinho é amplo e todo o confortável que se queira.

Tao Lao (*La Nación*, 15 de maio de 1921).

A mulher inimiga da mulher

Se diz por aí que os homens, em seus relacionamentos de amizade, e em sua posição de luta com o sexo feminino, tem estabelecida uma especie de maçonaria e se protegem, se cobrem e se defendem entre eles.

Não deixa de ser curioso que sendo os homens os menos lesados, moralmente, por suas infrações à moral comum, tenham estabelecido esta solidariedade tácita, enquanto que as mulheres, mais necessitadas de piedade, de compreensão e de perdão, pelo mesmo motivo que o conceito público é mais duro e exigente com elas, sejam, nas questões em que a piedade humana é mais necessária, inimigas sistematicamente.

As mulheres mães, cuja condição especial deveria ampliar seu coração e fazê-las compreender que toda mulher dona de uma vida para dar se converte de fato em uma companheira de dor, de angústia, de ansiedade, dificilmente perdoam a mãe dita solteira, esta condição, e contribuem com sua impiedade para sacrificar uma reputação ou uma vida pequena.

É que a mulher é intimamente má? Mas, como, má? É a mulher que derrama primeiro lágrimas legítimas lendo um romance sentimental; é a primeira que protege o cachorrinho abandonado; é a primeira que defende o filho da repreensão paterna.

No entanto, quando em um grupo de senhoras se comenta, por exemplo, que pela calçada da frente acaba de passar uma criatura de treze anos acompanhada por um homem de quarenta, de sete ou oito mulheres presentes, só uma defende a menina mulher e ataca o homem mais velho que é quem tem consciência do dano que faz; o resto, a nomeia com epítetos, e o coração da mulher, o profundo coração da mãe, não aparece para perdoar, nem mesmo com a palavra, a criatura que passa.

Mas a moral feminina tem suas curiosidades, seus paradoxos, suas complexidades: que menina, que mulher honesta, não chorou e amou a vulgar e romântica figura de Margarita Gauthier? No romance, ali onde a reputação pessoal da que leu não tem menos que sofrer por se solidarizar com a sorte da um personagem, o coração feminino se entregou a sua verdade humana; sentiu e sofreu a desgraça de uma mulher infeliz. Na vida, o preconceito teria lhe impedido de se aproximar, sequer, para ver o drama interior de uma mulher posta à margem da sociedade.

Tem um conceito de vida, o conceito filosófico, que escapa com maior facilidade da mulher que do homem. Não é que lhe falta para a mulher capacidade de entender, mas talvez lhe falte experiência para comprová-lo.

Porque, a natural competência que, por ser sujeitos elegíveis, se estabeleceu desde antigamente entre as mulheres, obrigando-as a se destacar sobre as demais, por ser, ou aparentar ser mais belas, mais virtuosas, mais elegantes que suas competidoras, o que obriga ao exagero do defeito, ou a falta moral da inimiga, podia desaparecer, ou suavizar só por uma fusão entre a educação moral do caráter e a disciplina mental feminina.

Não quero dizer com isto que seja conveniente ou necessário fazê-lo.

Faz muito tempo que os homens e as mulheres vivem sobre a terra e apesar da numerosa palavra humana suas idiossincrasias fundamentais não tem sofrido grande reviravolta e a vida continua...

Analiso, mais que me propor a dar normas, este fenômeno da dureza do julgamento feminino para com a mulher em debilidade manifesta, sendo a mulher, como gênero, a mais castigada pela opinião social.

Creio que, por ter as mulheres educação filosófica, teriam estabelecido entre elas uma maçonaria de proteção de sexo, procurando não agravar, aumentar, deformar o defeito feminino e ainda encobrindo-o, dissimulando-o pela compreensão humana e piedade de pessoas.

O primeiro argumento da mulher sem educação filosófica, contra esta maçonaria — estou ouvindo-o — seria este: "E então, se as virtuosas obtêm o mesmo conceito público que as não virtuosas, para que serve a virtude?"

É que, a verdadeira virtude, quando existe, só se olha a si mesma e não se espanta com nada; tende a levantar e não a depreciar. Se a virtude custou tanto para conservá-la que endurece a alma e a fecha para compreender todo erro, então melhor seria não tê-la.

Os tesouros não valem fechados sob as camadas duras e pesadas da terra: valem em circulação, quando passam de mão em mão, deixando em cada uma delas um pouco de sua bondade.

Tao Lao (*La Nación*, 22 de maio de 1921).

O cavalheiro

Isto, mais que um esboço feminino, poderia se considerar um esboço masculino, mas como esta seção quer tratar de assuntos que interessam à mulher, pensamos que falar do cavalheiro é preencher completamente um assunto que reúna a condição daquela.

Vamos nos deter um pouco na bela palavra: cavalheiro... As palavras têm, sem disputa alguma, uma fisionomia, um valor, uma sonoridade, que as fazem agradáveis, simpáticas, repulsivas ou odiosas: e é que uma palavra é sempre um símbolo: evoca.

A palavra "cavalheiro" é poética, plena, vigorosa, decidida: sugere ideias de força de ação, de proteção quente, de inteireza nobre.

Palavra usada nos livros sagrados, e nos belos versos, parece significar ao homem provido das mais belas condições de masculinidade.

Porque nem todos os homens poderiam carregar dignamente o título de cavalheiro e é este justamente o tema desta conversa.

Nesta seção, e em muitas outras, onde se diz tantas coisas tontas e repetidas sobre a mulher moderna, se insinuou que esta já não é a mulher idealizada pela imaginação da lenda, mas escassamente se diz que o macho, também idealizado pela imaginação da lenda, desapareceu para ser substituído pelo homem simplesmente, que tem uma auréola menos poética que a do macho.

De fato, foi o cavalheiro como braço forte que envolvia a família para protegê-la; esse braço era descanso, confiança, sombra, ninho, amabilidade.

A mulher sonhava com o cavalheiro e era doce ao sacrifício de sua vontade, a ele, em quem a palavra devia ser sábia, e o coração justo.

Se a mulher devia perder sua personalidade para que a dele aparecesse e brilhasse, não era o homem quem absorvia uma vida e a usava em seu proveito, era o cavalheiro, porque ao cavalheiro e não ao homem, a mulher entregava o mais valioso e íntimo de seu ser, a personalidade.

Enquanto a mulher pôde ver, soube ver, ou acreditou ver no homem o cavalheiro, foi submissa e sacrificada: viveu para ele e não discutiu; se limitou a amá-lo, a adorá-lo e magnificá-lo.

Não vou discutir aqui se o cavalheiro existiu efetivamente, tal como a ideologia o quer ver, ou a imaginação o fez existir: é verdade o que se crê.

Enquanto a mulher acreditou que o cavalheiro existia o respeitou, e só quando duvidou de seu valor como espírito, como força criadora, como valor orientador, o discutiu e deixou de respeitá-lo; e o amou, com mais loucura, mas sem beleza, com ardor, mas sem confiança.

Pequenos cavalheiros substituíram os grandes cavalheiros de lenda. Nas famílias das cidades modernas, se viu o cavalheiro, desprovido de seus atributos, cochilar feliz, enquanto as irmãs e as mães, trabalhavam na sombra para que os homens da casa parecessem cavalheiros.

Os pequenos cavalheiros modernos acharam suaves as almofadas e quentes as pelúcias, e esquecidos de que o que lhes deu valor de cavalheiros, não foi sua condição natural de homens, mas sim as faculdades morais para empregá-las, quisessem se fazer respeitar ou ouvir, segundo o velho costume.

Mas já não foi possível: as irmãs e as mães, tiveram influência no trabalho, seu dinheiro para um terno, seu trabalho para manter-se na carreira, subtraíram-lhes seu respeito.

Assim foi como as jovens modernas começaram a temer o matrimônio: tinham a dura experiência de seus irmãos e, sempre sensíveis, temeram por elas e pelos seus futuros filhos; assim muitas preferiram a formação de uma família duvidosa, a aceitação do amor duvidoso.

O mais sensível de tudo isso é, talvez, sua consequência artística; era tão belo acreditar no cavalheiro!

O coração feminino, ainda o mais moderno, sempre procurou e ainda continua procurando, disposto a encontrar tudo: pensamento, vontade, personalidade.

Mas quanto maior e mais alto foi seu ideal de cavalheiro mais duro e áspero foi para quem não podia alimentá-lo.

Assim, nos tempos modernos, os homens se queixam que a mulher perdeu todas as íntimas belezas que a embelezam, e as mulheres pensam que não há mais cavalheiros que mereçam este embelezamento, pois para eles e por eles esta beleza existia.

Enquanto isso, atos, cerimônias e sentimentos que parecem coisas provisórias, vão alimentando, com pequenos e inferiores recheios, os grandes vazios dos corações bem postos, que não querem aceitar o que está no ambiente...

Tao Lao (*La Nación*, 12 de junho de 1921)..

A curiosidade

Muito se fala, com má intenção, que as mulheres estão muito curiosas, mas a curiosidade, tão caluniada, é uma das mais lindas qualidades do espírito.

Todas as condições humanas possuem graus, e o grau de intensidade, e a orientação desse grau, determinam que cada condição possa aparecer como defeito ou como virtude.

De fato, a curiosidade do ser vulgar, que se manifesta no desejo, pouco nobre, de se informar sobre as vidas alheias e suas falhas, pode, em um ser de maior elevação espiritual se converter em motivo de estudo, de pesquisa psicológica.

Em um grau ainda mais alto de elevação, este estudo pode nos levar tentar melhorar, disciplinar, canalizar a natureza humana.

A curiosidade é, pois, a alavanca de riqueza do espírito humano e discipliná-lo e elevá-lo é uma das tarefas mais simpáticas.

Na verdade, que a vida, em si, como fenômeno animal, bem vale pouca coisa. As satisfações de luxo e da vaidade dos sentidos não podem preencher mais que momentos da vida: em seguida, a alma delicada pede outra coisa; esta outra coisa tem milhares de aspectos, mas se aproxima de uma só questão: os fenômenos que escapam de nossa inteligência, o mistério de existir, o porquê de nossa permanente contradição. Ao não encontrar razões claras, respostas retumbantes, os olhos ascendem à beleza que responde e não explica.

É como se o homem não soubesse decifrar em palavras o que aquela música significa, porque, voltando ao meu julgamento anterior: "a beleza responde e não explica."

Assim, faço a defesa da curiosidade, e não devem as mulheres se envergonhar de possuí-la em alto grau, pois ela lhes vai dar as satisfações mais legítimas e os prazeres mais puros.

Sempre se diz que a mulher, ao ler o jornal, recolhe primeiro a seção social e logo a seção policial; é certo, busca as novidades que preenchem a vaidade e as que alimentam a imaginação.

Não é isto uma censura para o belo sexo; os homens leem, em vez disso, assuntos políticos e notícias de corridas; procuram o que alimenta, por sua vez, a vaidade e a paixão.

A esta curiosidade da mulher, que se orienta para a crônica, lhe falta somente um maior grau de intelectualidade para romper com o sujeito humano e observar o fato isolado da pessoa, esta coisa que só é possível aos espíritos de certa seleção.

Mas a seleção é uma questão pura da natureza ou pode ser ajudada?

Em primeiro lugar, tudo o que aqui se diz, não teria razão de ter sido pensado; bastaria crer que, lamentavelmente, a curiosidade vulgar responde a uma natureza vulgar e, consequentemente, incapaz de uma nuance mais elevada de curiosidade; no entanto, os agentes exteriores, as ideias morais que flutuam no ambiente, as sugestões da beleza, as aspirações elevadas de uma minoria podem despertar, nas almas bem dispostas, mas ainda indecisas, o desejo da elevada curiosidade.

Sintam-se felizes, pois, as mulheres de serem profundamente curiosas, de se interessar pelo homem que rouba, e a mulher que abandona seu lar, e o menino que se suicida, e a mãe desesperada que mata seu próprio filhos antes de abandoná-lo ao acaso.

Talvez desta curiosidade nasça em algumas a piedade, a compreensão, a inquietação de saber por que o homem comete crimes e comete atos desajeitados quando tudo que deveria haver entre a humanidade é paz, harmonia, doçura, bondade, ascensão.

Dizemos algumas vezes nesta seção que a bondade instintiva pouco vale: mais se parece com a debilidade que com a bondade. Seu aspecto, é certo, é belo. Mas os seres simples, mesmo que bons, costumam ser bons até que deixam de compreender. Então são tão maus como os maus.

E compreender é, entre todas, a mais elevada função: por isso a desejamos para a mulher, a quem estimamos mais do que ao homem, porque é mais sensível, mais dócil, e com frequência está carregada, não de maior infortúnio, mas sim de mais "pequenos desencantos", como este que lhe tira a grandeza.

Tao Lao (*La Nación*, 3 de julho de 1921).

O direito de enganar e o direito de matar

Não é a primeira vez que em nosso país, e em outros se produz o caso lamentável de que uma mulher mate um homem para defender seus mais caros direitos de mulher.

Desta vez a fatalidade escolheu a jovem Elvira d'Aurizio que, como se sabe, no julgamento do doutor Mariano de Vedia y Mitre matou ao pai biológico de seu filho por aquele ter se negado a dar seu nome à criança.

Digamos antes de começar a falar do tema deste artigo que, na verdade, em nenhum caso há o direito de matar. Todo crime deve ser repudiado pelo próprio crime, mas na presença deste caso, gravíssimo, que armou a mão desta jovem, levando-a à execução do ato mais grave que o ser humano possa cometer, não fechamos os olhos aos fatores externos que, indiretamente, contribuem para que o crime se realize.

Sempre foi fácil avisar que o espírito argentino tende a proteger o indivíduo à custa da sociedade que o integra: tudo, em nosso país, denuncia ao individualismo imprevidente e sensual atropelando a lei para beneficiar a um homem, a uma instituição, a um interesse criado por qualquer um.

Na sociedade de tal tendência — que não denuncia em verdade uma primeira sociedade de água — é natural que o fraco careça de proteção, porque o fraco (mulher, criança, miserável, doente) não é, como indivíduo de luta, potência alguma diante de outro indivíduo preparado de um poder ativo e circulante.

Este espírito, feito carne, traz consigo uma certa degradação da consciência, certo como direito ao abuso, certa naturalidade para a comissão do delito não previsto pela lei ou que, mesmo previsto, não é castigado com o rigor necessário, ou encontra nos juízes — homens impregnados do espírito individualista do estado — censores moderadores ou ociosos.

Porque é fácil imaginar quanto deve ser o desespero, eles apenas armaram com a suspeita desprezível pesando sobre seu já lamentável estado moral de ser ridicularizado, humilhado e suplicante.

Já está provado que o sentimento da paternidade é, no homem, coisa fictícia e de costume: o homem só ama os filhos que tem a seu lado, que alimenta, acaricia e observa a diário, às vezes também ama o filho por amor à mãe: sentimento, pois, mais criado que natural, existe, excepcionalmente, intuitivamente no homem, ao invés do que ocorre com a mulher, que por exceção carece de sentimento de maternidade.

Mas o menino, qualquer que seja sua condição civil, o menino, esperança do Estado, número de estatística, brilho para a nação na sua competição universal, tem dos procriadores, e do Estado, não com um critério sentimental, mas sim com um de defesa de sua própria vitalidade, o direito de que eles sejam considerados responsáveis por igual daquela vida e daquele destino.

No norte da América, menos lírica e mais prática que os latinos, foram intimidados os conquistadores de donzelas e os pais ocasionais e cômodos, incapazes de assumir as responsabilidades contraídas com a sociedade na qual atuam.

Se sabe que ali o homem que promete se casar e não o faz vai para a cadeia para conversar com as paredes, para se curar da velha armadilha à mulher pela armadilha mesma e para meditar sobre o possível destino da criança a quem vai faltar o mais forte de seus procriadores.

Enquanto uma lei desta natureza falte em nosso país veremos outras mulheres matarem, isso sem dúvida alguma.

Talvez continuemos a encolher os ombros, e as mulheres falando mal de outras mulheres para ressaltar os próprios méritos, e os homens à caça de um pobre diabo feminino, e as leis carregadas de velhas teias de aranha dormindo em seus arcaicos livretos.

Sempre há um que paga o crime de todos; todos sabemos e todos aceitamos.

O que podemos fazer? Somos tradicionais, lindos e preguiçosos.

E assim segue o mundo...

(*Mundo Argentino*, 28 de abril de 1926).

Os doentes devem se casar?

Já vão repetidas vezes que os diversos estados se aproximam de um problema grave e tentam resolvê-lo.

Este é o problema: convém exigir dos contratantes matrimoniais um certificado médico oficial de boa saúde?

Nem é preciso dizer que o ideal seria que os contratantes em questão, homem e mulher igualmente, perguntassem à sua própria consciência se se encontram capacitados física, moral e economicamente para formar uma família, e serem seus próprios juízes.

Mas como tal coisa é impossível, porque isso revelaria um estado superior de consciência coletiva, negá-lo ao difícil gênero humano — estado que, por outro lado, faria desnecessária toda lei — é a lei que deve se adiantar à decisão pessoal, dirigi-la e canalizá-la.

A Alemanha acaba de estabelecer escritórios especiais destinados a estender os certificados médicos comentados, não em caráter obrigatório, mas sim de iniciativa e vontade pessoal.

Se no nosso país se criassem escritórios semelhantes, se empregaria tom lírico, baseado no sentimento. A simpatia decide a maioria das uniões.

Características também de nosso meio é o pouco interesse concedido aos problemas fundamentais da vida.

Certa superficialidade, certa exterioridade regem nossos atos. Nos vestimos, por exemplo, seguindo a estética mais que a saúde e a comodidade.

A maior parte dos artigos de consumo estão adulterados, sem que o público resolva um dia exigir uma fiscalização séria; viajamos em bondes viscosos de salivas; toleramos que no hotel, no café, na confeitaria, nos sirvam em louça mal lavada, pois a higiene não tem ali nenhum supervisor; desinfecção das casas, cada vez que se desocupam, coisa muito necessária como o pão de cada dia, e que teria uma solução simples se a instituição encarregada de realizá-la cobrasse uma pequena quantidade ao proprietário, está ainda por se fazer em uma cidade como a nossa, onde a tuberculose atinge uma cifra estatística alarmante.

No meio de tanta calma, deste tolerar e se deixar ir, o certificado médico matrimonial seria um das tantas fórmulas mais, outro meio, talvez, de favorecer o suborno, outra aparência de boa organização social, sem que o espírito romântico sentimental dos contratantes se atrevesse a tirar algum proveito dele, pois não conheço ainda o tipo médio da nossa noiva que se resolvesse lhe dizer a seu prometido quatro palavras precisas sobre o estado de sua saúde, e a lhe exigir comprovante, e menos ainda me imagino o tipo médio de noivo com coragem suficiente para lhe dizer ao pai de sua futura esposa:

— Quero provas da saúde de sua filha.

Mas o mais difícil de tudo isso seria estabelecer quem está em condições de se casar e quem não está.

Já está descartado que certas infecções privadas não toleram a união matrimonial, os outros estados de doenças permitem ou não o matrimônio? Quem poderia decidir sobre a futura aptidão de uma mulher para a boa maternidade?

Este ponto é delicadíssimo, pois os doentes não habilitados ao casamento começariam a caminhar por ali em aventura, tão perigosa para a sociedade como para o matrimônio, uma vez que, além da lei, as consequências higiênicas seriam as mesmas.

Um problema tão grave como este, tão amplo, tão cheio de profundas raízes que tocam outros problemas concomitantes, necessita de amplo plano de combate ao inimigo invisível, e é pequena e facilmente derrubável perto de um certificado matrimonial de boa saúde.

Legislação ciumenta descartada, a honra do funcionário inspector, a vivacidade e energia crítica do público, casos estes dos que não se deveria falar mais no ano de 1926 de nossos dias, por muito sabidas, teria que implementar a educação sexual obrigatória nas escolas, por corpo médico especial, indo ao centro das coisas, sem medo e sem hesitações, pois o menino sabe tudo o que não deve saber, e o sabe mal e desajeitadamente.

Conjuntamente com essa difícil tarefa de clareza, de precisão, de prevenção enérgica ao que está, ainda saudável, em condições de aprender, os intelectuais, os melhores, devem dizer em voz alta que "não há que ter medo das ideias" e pregar com exemplo, pois se tem algo de que está doente moralmente doente a nossa sociedade é disso: de medo das ideias.

A conferência de saúde em massa tem enorme importância, e muito se tem feito nesse sentido, mas não tem que dá-las em locais fechados e esperar que o público acesse a eles, senão ir ao encontro do público nas cortiços, no quartel, na fábrica, nas cadeias.

Com tudo, confesso que permaneço às portas do amplo problema.

Mas acessar além seria tocar outros problemas cuja solução importaria nada menos que revolucionar o sistema político social de um Estado, coisa que não está permitido a uma poeta que só deve saber vibrar finamente, para alegrar os plácidos ouvidos de seus nem sempre entregues ouvintes.

(*Mundo Argentino*, 23 de junho de 1926).

Coisinhas soltas

O homem que fala mal de outras mulheres, bajula a perversa, elogia a medíocre e repugna a mulher digna.

*

A timidez no homem conquistou o coração de muitas mulheres; talvez não tenha sentimentalidade feminina que resista ao homem que, temerosamente, cala e espera.

*

Quando uma mulher virtuosa perdoa a não virtuosa, com certo ar de apostolado, não deixa de ter seu mérito: revela pelo menos um princípio de compreensão humana. Mas a mim me interessa profundamente a mulher virtuosa, cuja virtude seja tão excelsa que não se considere habilitada para estender o perdão: contadas vezes encontrei esta mulher.

*

Minúcias costumam fazer o amor de uma mulher; minúcias inapreciáveis aos olhos profanos.

Minúcias costumam destruí-lo também; não há amor de mulher que resista a detalhes desagradáveis, se o espírito da mulher é transparente.

*

Uma infinidade de mulheres é capaz de amor sem objeto definido, sem interesses próximos, sem premeditação de amor.

*

E se um só homem é capaz de igual coisa isso não me parece uma superioridade na mulher.

Me parece um "modo" muito agradável, esteticamente considerado, de sua natureza, nada mais.

*

A maioria das moças forja sonhos equivocados do amor; sua imaginação as leva às célicas visões, prejudiciais, na razão do exagerado.

É assim, como, para muitas mulheres a vida se divide em dois mundos: o que imaginaram e o que vivem.

*

Salvo raras exceções, um rapaz que tem em torno de vinte anos é uma mistura de atordoado e audácia de criança e de incipiente fauno, desagradável em mais elevado grau.

*

Quando uma mulher diz o que pensa, em voz alta, as mulheres se assustam de escutar-se no que fala, a plena luz do dia.

*

Chegará um dia em que as mulheres se atrevam a revelar seu interior; nesse dia a moral sofrerá uma reviravolta; os costumes serão transformados.

*

Os homens não interessam, por seu aspecto, por suas qualidades físicas, puramente mais que a mulheres medíocres.

A mulher que se apaixona por um homem pelo modelo de uma calça é digna da zoologia.

*

Tenho uma amiga muito inteligente; muito racional.

Sonhava com o namorado tranquilo, de grande cultura espiritual, todo fino e se apaixonou por um rapaz comerciante, bruto, meio pedante.

Me interessou o caso e sei que há no meio um par de olhos, os dele, sentimentais e sonhadores, apesar de suas outras qualidades pessoais.

Eu disse à minha amiga: o brilho dos olhos se apaga e o temperamento fica.

E me colocaram no olho da rua.

*

Se alguma vez senti uma piedade profunda, foi por essas graves senhoras que saracoteiam as suas filhas nos saraus e festas à procura de um partido.

Tenho feito internamente muitas graves comparações.

*

A mulher que pensa e não sente, não vale nada; a mulher que sente e não pensa já vale algo; a mulher que sente e pensa está em um bom valor.

A mulher que pensa e sente muito desagrada aos homens; os homens gostam de serem acreditados sem prolixas investigações femininas, sem excesso de detalhes sentimentais.

*

Conheço infinito número de homens que não conseguem separar o pudor feminino da ignorância.

*

O homem pouco culto espiritualmente, divide as mulheres desta maneira: minha esposa, minha mãe, minhas filhas, minhas irmãs, e "as demais mulheres".

*

O homem de grande cultura sente, pensa, diz: "a mulher", e engloba a todas.

*

Escuto com frequência, pelas ruas de Buenos Aires, dizer palavras grosseiras a pessoas femininas próximas a serem mães.

Alguma vez não pude resistir a tentação de me parar frente ao pobre de espírito e incitá-los com minhas palavras.

*

O namoro com todas suas travas, me parece um jogo de esconde-esconde onde dois se propõem a encontrar e fazem todo o possível para despistar.

*

Sei de mulheres que se casam sem amor e somente para não ficar solteiras.

Certa piedade ingênua acompanha a solteirona e concorda com aquele fim.

Os rapazes jovens, sobretudo, têm muita penúria pelas velhas solteironas; eles saberão por quê.

*

Infinito número de vezes, me tem estorvado, no ambiente em que me desenvolvo, minha condição de mulher, porque não consigo esquecer-me, em meu trato frequente, de que estou na presença de homens; e dificilmente estes, esquecem que sou mulher.

*

Nos aparentes sacrifícios de muitas mulheres, costuma ter, entrelaçadas, uma boa porção de felicidade espiritual, e de covardia econômica.

ENSAIOS

As poetas americanas

No nosso continente a poesia se parece à vegetação tropical: se não muito útil, se não muito sóbria, é abundante e desalinhada, rica em ramas e folhas e preparando, claro está, alguns frutos.

Isto é na poesia, que é a rama das letras cultivadas com mais êxito pela juventude pensante do continente: outras ramas estão sem regar ainda, mesmo que alguns brotos isolados apareçam.

E há razões para que assim seja: uma poesia se faz em um momento dado, pule-se logo, se se a pule, e o trabalho está terminado. A novela, o drama, exigem já uma dedicação constante, um trabalho de conjunto, uma disciplina mental mais severa, e o ambiente não está para isso: se vive com sobressaltos, se adquire uma cultura leve, se distribui a vida em distintas solicitações amenas, e o cérebro se unta de preguiça e se rebela diante de trabalhos de fôlego para os quais também não há estímulo.

Em mulheres e homens acontece isso; mais visivelmente ainda em mulheres que em homens.

Das que escrevem ou escreveram no continente, as que tiveram, até agora, ressonância nessas terras e na Espanha foram as que o fizeram em verso, nos referimos algumas, por certo.

Começaremos pelo Uruguai: tem este a Delmira Agustini, tão amplamente difundida e comentada como pouco compreendida. Delmira Agustini com toda aparência verbal de uma forte sensualidade feminina, é profundamente espiritualista:

"Ah, tua cabeça me assustou. Fluía
Dela toda a vida, parecia
Não sei que mundo anônimo e noturno."

Diz a magnífica poeta, em um profundo pensamento, que é consequência de uma comoção espiritual. A sensualidade pura não poderia ditar-lhe jamais estes versos nascidos de uma contemplação passional, depurada através das mais finas malhas que pudesse ter uma alma feminina. E esta frase:

"Minha alma é frente à tua alma, como o mar frente ao céu".

E esta outra:

> "Ah, os corpos cederam, mas as almas
> trançadas
> São o mais intrincado nó que nunca foi…"

E tantas outras, e toda sua obra que expressa uma natureza vigorosa e profunda, mas cuja finalidade é surpreender ao espírito, isolado através da matéria.

Na mesma vizinha república estão María Eugenia Vaz Ferreira de temperamento masculino e forte pensamento cerebral, e Luisa Luisi que faz versos doces e sentidos, ainda que sua atividade mental encontre campos mais propícios na crítica e em trabalhos sociológicos.

E finalmente acaba de surgir Juana de Ibarbourou que publica seu primeiro livro de versos *Las lenguas de diamante*. O prologa Manuel Gálvez que, se não acerta em tudo que diz, lhe faz jus e a aponta ao continente como uma revelação. Eis aqui uma de suas mais características composições:

Fugitiva

> "Gulosa pelas amoras precoces
> É noite quando retorno à casa de campo

Cansada de caminhar durante o dia
Pela selva à procura de amoreiras.

Radiante, satisfeita e despenteada,
Com um ramo de algaroba na cabeça,
Pareço uma morena satírica
Pela trilha de acácias extraviada.

Mas me assalta o temor ardente e vivo
Que me siga um fauno na penumbra
Tão perto que meu ouvido já vislumbra
O eco do seu passo fugitivo.

E fujo correndo palpitante e louca
De medo, pois tão próximo parece
Que meu ramo de algaroba se estremece
Roçado pelas barbas de sua boca".

Segue Chile, com Gabriela Mistral que não publicou ainda nenhum livro, o que nos impede de completar juízo sobre ela. Pelo que lemos dos textos avulsos a encontramos em primeira linha também.

No Chile estão, com a Mistral, Sara Hubner, de quem também não conhecemos mais que alguma coisa isolada; Aída Moreno Lagos que me honrou espontaneamente com sua amizade e que dela possuo manuscritos excelentes e doces versos; sei de outras ainda, cujos nomes vi serem comentados, mas cuja obra não tive oportunidade de conhecer.

E chegamos a nós, por que não?

A nossa modéstia não há de ser tanta que nos proíba falar das argentinas.

Está Delfina Bunge de Gálvez que se separa de todas as demais porque escreve em francês e por ser espírito cristão militante.

Delfina Bunge de Gálvez é indubitavelmente um espírito sutilíssimo, profundo: o perfume que desprendem seus versos aquieta tempestades, adoça dores; em *Simplement* e em *La Nouvelle Moison* seus dois livros de poesia, a alma de um poeta íntimo nos comove e nos subtrai ao ruído escandaloso das ruas; entramos com ela ao templo, e sentimentais pagãos, sabemos ajoelhar-nos, se não frente a seu Deus, frente sua alma sensitiva, transparente.

Dela traduzimos algo que aqui reproduzimos:

Insônia

A cidade em silêncio já repousa dormida,
Eu sozinha estou desperta, porque, porque
minha vida!

Oh, lua que se diz minha irmãzinha; depõe
Então, teus consolos sobre o meu coração.

Mas o quê!... Não me escutas e tua amarela cara
Escondes na nuvem mais sombria e mais esquisita.

O vento como uma alma foge, desaparece;
Nada sinto na noite; nem uma folha se balança.

Oh silêncio sepulcral, oh silêncio que aterra...
Por que recheias de luto a desolada terra?

Ruídos... escuto... Um cachorro esquálido que agora
Na sombra noturna, sem porque, chora e chora...

Ó eu quero pensar, saber, e não sei nada.
Porque chora esse cachorro na noite de luto?

Eu não sei que dores o pobre cachorro chora.
Será por acaso a Morte? Bem pode ser a hora...

Oh a estúpida insônia que má e fria é!
Ensaiemos de novo assim... um... dois... três..."

Rosa García Costa é também um espírito que acerta em suas expressões em versos. Culta, ágil na maneira de versificar; seu primeiro livro de poesias, *La humilde canción*, foi recebido com aplauso pela crítica.

Suas estrofes que expressam ideias elevadas, temas de beleza pura, finos sentimentos a insinuaram como uma promessa: e estamos hoje na expectativa de um livro que há de aparecer em breve.

Ficam algumas outras: Amanda Zucchi que se iniciou belamente publicando um livro aos dezessete anos e não se deixou ouvir outra vez; e apontam firmas precoces, isoladas, que nestes momentos estão fermentando sua levedura: esperamos.

Gabriela Mistral

Há no Chile uma escritora de grande valor: Gabriela Mistral. Professora, poeta, cristã, mulher. Gabriela Mistral é hoje, na América, uma das cabeças femininas mais resplandecentes.

Seu verso, que padece por vezes de certa rigidez, transborda, no lugar, tanta força anímica, tanta pujança humana, que a alma se rende suave à bela alma de mulher, hoje, realizando em Temuco a doce obra de por na alma infantil a gota azul e generosa do pensamento.

Cristã, sim, por seu grande amor ao miserável, ao indefeso; mas cristã fundida em um amor que, amando a alma, ama a matéria que a contém como veículo, e a exalta, porque atrás do véu mortal vê brilhar, inefável e divina, a luz de seu Deus.

Mulher, profundamente mulher, além de toda palavra mulher, porque, através de sua carne, o sentimento da maternidade a atravessa como um dom inefável, e sua condição de planta, chamada a madurar frutas no verão, lhe dança com os olhos baixos e as mãos juntas, submissa à lei que se lhe anuncia, tremenda mas sagrada, em toda coisa viva, destinada a se reproduzir e morrer.

Gabriela Mistral havia escrito muitos versos; uns às crianças, outros à mulher forte e bíblica, outros à morte, outros às árvores abandonadas na grande solidão dos campos, agrupadas, sangrando sua resina, sentindo cair sobre elas a noite com seus assobios longos e tristes...

Mas Gabriela Mistral não havia escrito ainda o que escreveu faz pouco tempo: "*los poemas de la madre*": poucas linhas, sim, bem poucas, o suficiente para fazer compreender que o infinito pode refletir-se em uma pequena gota.

E este poema, que Gabriela Mistral realizou em belas e doces palavras, pode estar, em primeiro lugar, dentro de qualquer literatura.

O poema expressa o sentido lírico da maternidade desde que se inicia a concepção até que a criatura nasce. Não precisava ser mãe para interpretar este sentido lírico.

Possivelmente a mãe mesma não tivesse atinado a definir tão belamente os finos, delicados, exuberantes sentimentos que vêm crescendo pouco a pouco na alma da esposa à medida que o seu seio a matéria disforme coalha lentamente em um ser com alma.

Mas a poeta, ou seja, a artista que havia na mulher de alma ardente, podia sim intuir a profunda doçura de criar, o sentido maternal que vê em tudo quem é mãe, a piedade antecipada pelo menino que está dormindo antes de nascer, a preocupação inusitada de que em seu ser disforme não lhe toquem, desde o momento que está começando a receber espírito, nada mais que belas visões, música, ritmo em verso, doces imagens, sol puro.

E assim no poema *La Quietud*, sussurra a escritora tudo isso.

A quietude!... Não poderia na verdade haver posto um título que expressasse mais exatamente o embotamento de todo o corpo da mulher, atento somente, consciente ou inconsciente, ao trabalho que a natureza realiza nela para produzir o milagre do ser humano. E muito artista há de ser para tocar este tema sem cair na crueldade do próprio tema.

Os escultores, quando quiseram expressar o estado de criação do ser feminino, talharam na pedra esta lembrança da expressão sobre o propósito único.

Gabriela Mistral valeu-se das palavras, acertando a dar ideia poética desta quietude, e exaltando-a por conseguinte, já que, revelar a beleza de uma coisa é dar-lhe sua eternidade, dentro do relativo ao que o homem se move:

"A quietude"

"Já não posso ir pelos caminhos: tenho o rubor da minha larga cintura e da profunda olheira dos meus olhos. Mas me tragam aqui, ponham aqui ao meu lado os vasos com flor, e toquem as cítaras amplamente, pois eu quero para ele inundar-me de belezura.
Ponho rosas sobre o meu ventre, digo sobre o que dorme estrofes eternas. Recolho no corredor horas atrás de horas o sol acre. Quero destilar, como a flor, mel, mas para as minhas entranhas. Recebo no rosto o vento dos Pinares. A luz e os ventos colorem e lavam meu sangue. Para lavá-lo também eu não odeio, não murmuro. Amo, apenas amo! Que estou tecendo neste silêncio, nesta quietude, um corpo, um milagroso corpo, com veias e rosto, e olhar, e depurado coração."

Observem aqui esta expressão: "para lavá-lo (o sangue) já não odeio, já não murmuro".

Infinita delicadeza de mãe, que teme que a mesma palavra possa turvar a rosada carne do seu pequenino!

E logo, quando a mãe expressa que está cheia de doçura, esta delicadeza de mãe vai até os outros seres, débeis, indefesos, como sua criatura.

Ela se fará leve como vento para vagar entre as árvores... Não ouvem? Há algo que respira debaixo das folhas...

Alarguem a mão, muito suavemente... Com a ponta redonda dos rosados dedos darão com outra pequena coisa redonda, suave de plumas, morna de calor... Mas isto somente o entende desde que é a mãe...

"A doçura"

"Pelo menino adormecido que levo, meus passos se tornaram sigilosos. E é religioso todo meu coração desde que vai em mim o mistério. Minha voz é suave, como por uma surdina de amor, e é que temo despertá-lo.
Com meus olhos, busco agora nos rostos a dor das entranhas, para que os demais olhem e compreendam o porquê de minha bochecha pálida. Vasculho com medo de ternura na erva onde fazem ninho codornas. E vou pelo campo silenciosa, cautelosamente, porque agora acredito que árvores e coisas têm filhos adormecidos sobre os que velam inclinados.

Logo, aquele pedido ao esposo, rogando-lhe que respeite sua quietude, que não perturbe seu silêncio, que não repare o congestionamento com que se move, é de uma emoção profunda:

"Agora eu sou um véu" — diz; todo meu corpo é somente um véu, detrás do qual há um menino adormecido! E mais tarde, os poeminhas finais com que o poema arremata algo muito bem trazido: a confidência da futura inexperiente mãe, com a experiente mãe sua.

Sim; isso é de mulher: agrupar-se docemente para falar da carne enterrada da mulher, diante da lei inevitável que a manda estremecer-se e sofrer, uma das grandes angústias femininas.

Dignificar esta angústia: isto fez Gabriela Mistral em seu magnífico poema.

E toda mulher de alma bem posta a amará depois de lê-lo.

Horacio Quiroga

Horacio Quiroga pertence ao grupo dos instintivos geniais, dos escritores desiguais, arbitrários, unilaterais e personalíssimos, em quem a obra de cinzel não prende, não porque não possam consegui-la, mas porque a desdenham, em virtude de uma vigorosa anarquia que não deseja agarrar-se a minúcias. Contudo, se não é um estilista no sentido mais usual da palavra, é dono de um estilo inconfundível, a tal ponto que basta a leitura de duas ou três linhas de qualquer escrito seu para identificá-lo. Como todos os distintivos, não dá seu máximo senão naqueles temas que se ajustam perfeitamente à sua natureza individual, e isto deve ser dito em seu elogio, pois quando acerta é insuperável e produz obras de sabor inimitável.

Este escritor, mais que um homem de temperamento flexível, refinado pela civilização e pelo brilhante pente das bibliotecas, é um toco da terra, levantado sobre ela para observar a natureza em seu jogo total de interesses contraditórios, com olhos ávidos, examinadores, impressionados e ciumentos de toda sensação de forte colorido. Caracteriza também Quiroga um espírito muito seu e particular, de estranha justiça sem dogmas, nem filosofia encalhada nas conhecidas escolas dispersas pelo mundo, que o induz a conceituar tão legítima a vida do inseto ou do réptil como a do homem, sem que este sentimento panteísta lhe impeça de apropriar-se do réptil para adornar sua casa ou do inseto para enriquecer sua coleção.

Oposto aos demais pelo sentimento do cristianismo, que amarra o forte ao pulso do fraco e o saudável ao doente, sua alma nata de lutador contra forças hostis é pagã quanto ao conceito fundamental da vida — isto é, o triunfo do melhor e do forte — sem que seu paganismo participe das elegantes branduras daquele e de seus mais sobressalentes conceitos estéticos. Apaixonado sincero pela natureza, seus grandes acertos de escritor lhe vêm de tê-la possuído, em seu contato rendido e frequente, como a uma mulher, de haver visto o homem, seu irmão na luta pelo alimento diário e o ouro que dá a liberdade, cair destroçado diante da sua impossibilidade e sua "razão" sombria, fatal e legítima.

Vamos, sem dizê-lo, pois, que a um temperamento como o seu deviam seduzi-lo os temas esquisitos, como se sua alma, alimentada de espetáculos de tempestade, somente se encontrasse plenamente quando cai o raio e a água começa a inundar as casas. Daqui também seu estilo sombrio, feito à base de palavras indispensáveis, mudo de superficial literatura e abundante, por outro lado, de traços rápidos e grandes manchas de cor concentradoras e aprofundadoras da paisagem, tal como se os detalhes secundários não existissem ou não importassem à magnitude do drama pintado. Árido com frequência, não deixa por isto de ser artista, porque artista é o homem que, em um espetáculo, indiferente ou sem relevância para a maioria, capta o traço extraordinário e sabe apresentá-lo aos demais de maneira que compreendam o excepcional de tal traço, drama ou espetáculo.

Ademais, artista é aquele que tem um sentido inato das proporções, das pausas e dos efeitos, e sabe administrá-los com tal maestria que o relatado chegue como coisa real ao leitor, sem que um comentário excessivo, uma inútil reviravolta literária, uma ação dissonante ou enarmônica descubram os bastidores da cena e obriguem a reparar naquilo que era de tela. Porque é frequente confundir o artista com o estilista elegante, cantor de uma lírica beleza, quando a beleza pode ser revelada através de temas ásperos e ações brutais, como ocorre nos livros de Quiroga, que é artista nos dois primeiros conceitos acima apontados.

Dizer, por fim, que um artista é sensível é uma redundância, mas há distintas classes de sensibilidade e diversas classes de reações diante de estímulos variados. Para a sensibilidade mórbida e algo anormal de Quiroga, os estímulos são visíveis: fenômenos de vida e morte, acidentes de luta de forças; estados extremos da psique humana: loucura, crime, paixão, doença, deformidade. De vez em quando, o tema sentimental tratado o menos sentimentalmente possível, a isolada nota irônica, o estudo precisamente científico, ou o simples relato de um fato do qual foi testemunha presencial.

Sua obra, que bem poderia ser de um naturalista, é inconfundível e sobressalente na América, que lhe agradeceu um discreto número de páginas de grande escritor e desculpou a inevitável serapilheira que se vê obrigado a produzir todo aquele que, mais ou menos estreitamente, vive em grande parte da colaboração em jornais e revistas.

Este livro foi composto com fonte
tipográfica Cardo 11pt e impresso sob
papel pólen bold 90g/m² pela gráfica
PrintStore para a Coragem.